独立，
是最好的教养

【荷兰】韦岱思 ◆ 著

北京理工大学出版社
BEIJING INSTITUTE OF TECHNOLOGY PRESS

版权专有 侵权必究

图书在版编目（CIP）数据

独立，是最好的教养 /（荷）韦岱思著. —北京：北京理工大学出版社，2019.1
　　ISBN 978-7-5682-6448-8

　　Ⅰ.①独… Ⅱ.①韦… Ⅲ.①家庭教育 Ⅳ.①G78

中国版本图书馆CIP数据核字（2018）第253469号

　　本书通过四川一览文化传播广告有限公司代理，经野人文化股份有限公司授权北京理工大学出版社出版中文简体字版。

著作权合同登记号 图字：01-2018-6450

出版发行 / 北京理工大学出版社有限责任公司
社　　址 / 北京市海淀区中关村南大街5号
邮　　编 / 100081
电　　话 / （010）68914775（总编室）
　　　　　 （010）82562903（教材售后服务热线）
　　　　　 （010）68948351（其他图书服务热线）
网　　址 / http://www.bitpress.com.cn
经　　销 / 全国各地新华书店
印　　刷 / 三河市金元印装有限公司
开　　本 / 710毫米 × 1000毫米　1/16
印　　张 / 13　　　　　　　　　　　责任编辑 / 王晓莉
字　　数 / 160千字　　　　　　　　　文案编辑 / 王晓莉
版　　次 / 2019年1月第1版 2019年1月第1次印刷　责任校对 / 周瑞红
定　　价 / 36.00元　　　　　　　　　责任印制 / 施胜娟

图书出现印装质量问题，请拨打售后服务热线，本社负责调换

‖ 推荐序 ‖

不设限的教养视野，是今日家长老师必备的精神粮草

《德国幼儿园原来这样教》作者 庄琳君

收到出版社传来的这本新书文稿后，我在周末夜里不知不觉地读了一整夜。有别于其他零星浮泛的各国教养经验之谈，作者韦岱思本身的社会学研究背景，让本书的论述更显客观且脉络清楚，从幼儿园时期谈到成人，从巧虎[①]到性教育，都提出他独到且完整的观点，值得一读。

至今，我在德国的幼儿园工作已步入第四年，有时我会回想起，初入德国幼教现场的自己如何一步一步打破原有的教养框架，练习沉淀自己后重新静下来思考，更明白了教育是一条漫漫长路，放宽心态去理解不同思维，绝对是基本功。特别是双语幼儿园的孩子常来自不同的文化背景和家庭环境，再加上孩子年纪和个别性情的差异，就像是面对种类繁多复杂的排列组合，家长或老师若只一味想求得教养的必胜公式，便极易流于追求

[①] 巧虎：是日本最大的教育集团Benesse（倍乐生）和中国福利会推出的针对学前儿童的家庭学习商品中的主要角色，是一个乐观开朗的小老虎形象。

育儿技巧的形式却缺乏思考。

书中的荷兰父母，和我这些年来所接触的德国家长相比，虽在教养方式上不尽相同，比如书中所描述的吃肥皂等体罚，在德国不仅被认为是过时的教养方式，法律上也明文禁止家长体罚孩子，但在希望孩子能够自理独立这一点上，德国跟荷兰家长思想上却几乎完全同步。"乖乖听话"在他们眼中不会是一个值得表扬的优点，他们很少耳提面命地叮咛孩子应该怎么做，或是什么不该做，在安全的大原则下，他们相信孩子会从"经验法则"里学到如何做正确的判断，进而成为能够独当一面的大人。

为了达到独立这个终极目标，就得一路从幼儿开始，在不同时期给予他们与能力相符的机会练习，因为孩子无法在18岁成年当天一夕长大。

幼儿园里有个德国同事叫米拉，她是园所里最资深的老师，50出头的她有一个刚满18岁的女儿，叫乔伊斯。

在午休空档时间，她常常跟我们其他人聊到这个唯一的宝贝女儿，时而开心，时而担忧，跟这世上的其他爸妈会经历的情绪波折并无不同。我记得在乔伊斯16岁那年，她半夜趁着米拉熟睡时，偷偷拿了车钥匙开车跟朋友出去玩，隔天一早米拉发现车停的位置跟她之前停的位置有点不一样，仔细检查后发现车子后面被撞凹了一角。米拉把还在熟睡中的乔伊斯叫起来问话，这时乔伊斯才心虚地说昨晚摸黑停车撞到了。车子被撞米拉当然生气，不过她很清楚光责备起不了什么作用，她只是静静地告诉乔伊斯："我车子的全险不是用来给你撞着玩的，请你自己想办法付清车子送修的账单。"

于是，之后的好几个月乔伊斯都得自己去打零工来赔车子的维修费用，米拉一毛钱也不帮忙出。

米拉跟我们说原本她计划买一部车，等到乔伊斯满18岁，也考到了驾照，就送给她当作成年礼物。不过乔伊斯听到妈妈要买车送她却马上一口回绝，说自己已经是成年人了，买车的钱她要自己慢慢赚，米拉笑着对我们说："当孩子能够这样对父母说话的时候，父母才算正式毕业，因为这是父母尽到养育责任的最好证明，孩子总算成长为一个独立的大人了。"

我觉得，中国父母一心想帮孩子"成就最好的自己"，认为孩子懂得不多，缺乏历练，父母就得在旁提点大小事，希望孩子能认真念书，认为念书升学才是成功人生的唯一道路，所以在价值观上很强调要服从听话，勤奋努力。

而在德国或荷兰家长的想法中，却是要让孩子"发掘最好的自己"，强调独立、学习承担、鼓励生活体验，相信只要多方涉略，就能发现自己的天赋所在，走出自己的路。

在教养态度上的差异，并不代表谁优谁劣，我确信膜拜任何一方都是毫无意义且危险的事，不过在我看来，两地各自好的地方的确很不一样，所以互相学习是有益处的。

在德国工作这几年，与德国和其他外籍同事一再沟通磨合的过程中，我们的确一年比一年进步，不管在彼此身上学习到的教养经验，还是理解在不同文化底蕴里的教育信念，都让我们在情绪很纠结，觉得快要被气到七窍生烟的时刻，能够冷静下来think outside of the box（打破陈规），而其中最大的赢家，当然是每一个我们所宝贝的孩子。

多观察，多理解，不画地自限的教养视野，总会在某天某时，在黑暗中悄悄帮我们打开另一扇窗。

‖ 作者序 ‖
教孩子勇于创造自己的价值，勇敢面对世界的挑战

"勇敢地打开眼界，面对世界的挑战，用自己的方式创造自己的价值。"这句话伴随在我的成长过程中。这句话反映了荷兰社会的精神，这样的价值观带领荷兰人以开放的态度面对社会各种议题，通过培养冷静思考的能力，创造出独一无二解决问题的方式。

这种精神，不断出现于荷兰历史中大大小小的重要时刻，譬如十六世纪时，荷兰人为了扩大商业资产，创立了人类历史上第一家上市公司，也就是闻名遐迩的"东印度公司"；为了开垦更多农地以度过粮食危机，荷兰人发展出现代的填土造陆技术，先将沿海湿地圈出一个范围，然后将水抽干，人为制造可供耕种的土地。

荷兰是个低地国，随时面临与海的战争，因而积累了许多开垦新土地的经验，荷兰的工程公司利用这种新造陆技术来制订全球开垦计划。二〇〇五年卡崔娜飓风肆虐美国，美国新奥尔良市政府就雇用了荷兰专家，运用此技术来加强对该地区水坝的保护。

荷兰其他公司也运用这种突破困境的精神，创造出了许多前所未见的商业模式。譬如荷兰皇家航空公司为了克服国内市场规模小的问题，发展出现代航空业普遍使用的轴辐式系统（Hub and Spoke System），把一个地区，如东亚、欧洲等地的乘客集中在一个地点，先以大航班将他们运输到另一个地区的核心点，再用小型飞机运输到各个乘客的目的地；荷兰的飞利浦公司从一九七〇年开始研发卡式录音带的技术，一九八〇年跟Sony合作发明CD，现在看来已经过时的技术，在当年可是独领风骚。

荷兰的创新精神不仅展现在商业界，也充分展现在运动界，例如阿贾克斯足球俱乐部与荷兰国家队在一九七〇年为了提升整体的足球竞争力，实践了所谓的"全攻全守"足球战术，启发了现代巴塞罗那与西班牙国家队的tiki taka战术；荷兰职业溜冰界发明了名为clap skate的新溜冰鞋，带动了一九九〇年溜冰界的改革，自一九九六年开始，国际职业溜冰选手比赛开始使用clap skate，也创造了许多世界纪录。

政治层面更不用说，荷兰不只是欧盟的创始成员，荷兰国内的政治人物更是建立了福利国家所谓的第三条道路（The Third Way），结合左派社会主义与右派自由主义的政见，在许多政治议题上也采取了极为前卫的做法，例如荷兰在多元成家、安乐死、堕胎及毒品使用的政策辩论及法规制定方面，都领先于其他国家，对许多荷兰政治人物来说，这种政策上"先驱者"的角色，是他们的骄傲。

换句话说，荷兰将这种建立自己独一无二价值的精神，落实在各个领域中。这样的精神不仅成功地提升了经济竞争力，也使得荷兰的职业运动员维持着世界级的成绩，政治上也享有开放、先进且自由的声誉。这是荷兰对世界的贡献，也是荷兰人的处世哲学。

上述这些所谓的贡献，不论是不是荷兰人自己的迷信，但其背后"勇于思考自己的价值，勇敢面对世界挑战"的精神，在我成长的环境中，确实是随处可见的，也因为如此，在荷兰，家长要求孩子发展自己的看法，学校除了教授学生知识之外，更注重其想法与见解的培养，而企业更是督促员工发挥想象力，人人都可以随时提出有助于公司营运的建议。

不过，荷兰家长到底是怎么落实这种"用自己的方式创造自己的价值"的理念呢？荷兰父母利用怎样的教养方式，来培养孩子勇敢地面对世界的挑战，拥有独一无二的想法，进而找到自己的价值呢？而在这个过程中，家庭、学校与社群又是通过什么样的制度来延续这样的共识呢？

荷兰与中国的亲子关系大不同

要想回答上述问题，必须明确荷兰父母看待亲子关系的态度，这是关键。荷兰的亲子关系跟中国有很大不同，从我和太太在中国台湾地区办婚礼的习俗中便可一窥其中端倪。

我们在台湾的婚礼，最有趣的就是各种传统的仪式，其中尤以"奉茶"与"拜别父母"让我印象最深刻。如果我没有理解错误，"奉茶"的进行方式是妻子"奉"给夫家长辈一杯茶，还没进门的媳妇通过这个方式，表示她之后会孝顺夫家长辈，长辈们接受这杯茶，也代表接受了家里的新媳妇。

"拜别父母"则是针对妻子的家人，女儿感谢父母辛苦把自己拉扯大，感恩父母赋予自己生命，并且感谢爸妈提供良好的教育环境把自己养大成人。

这两个仪式，是我们婚礼最动人的时刻，也是许多婚礼仪式中最受长辈看重的时刻。在我看来，这两个仪式也显示了中国人怎么看待亲子关系。

他们强调的重点就是感谢父母给孩子提供了生活的基础，并强调孩子未来会"孝顺"家里的长辈们。"孝道"是中国亲子关系中最核心的概念，强调父母会提供孩子一切生活所需，未来孩子则用"孝顺"来回报。换句话说，父母的责任就是把子女养大，子女的责任就是以孝行回报。

我的女儿出生时，我爸妈从荷兰飞来台北看他们的孙女。我这个新手爸爸跟我妈聊到了亲子关系中的责任问题，我妈说："没有一个孩子是自己选择来到这个世界的，都是父母选择要生孩子，是父母自己决定要创造孩子的生命，可没人问过孩子的意见啊。"

在我看来，这句话某种程度反映了荷兰父母如何看待亲子关系，父母既然决定要生孩子，就必须对这个孩子负责，相对地，孩子因为自己没得选，"尽孝道"自然也不是一种义务。

请别误会我反对孝顺这个美德，每个文化都有其维系社会运作的方式，住在台湾，我也很享受探望岳父母、陪伴他们，以及为他们付出心力的时光。在我太太出国工作，留我一人在台湾的几年间，我对每个礼拜回去探望岳父母以及过年回南部这些"义务"可是乐在其中，我也希望能当一个孝顺的外国女婿。

在此，我想要强调的是，荷兰文化对于亲子关系有着很不一样的思考基础。

荷兰父母对孩子的责任，是要确定孩子长大后成为一个不需要依赖父母的独立个体，父母走了之后，他们也不会变成社会的负担。也就是说，荷兰父母对孩子要负起的责任是，把他们教养成可以在经济与思考上独当一面的社会成员。

至于孩子需不需要有所回馈，倒不在荷兰父母的思考范围内，毕竟对务实的荷兰人来说，"养儿防老"太不保险，还是要靠退休制度跟社会福利政策才能确保人人老有所养。

荷兰父母的教养态度：把孩子从"小"养成"朋友"

开始学中文后，我发现中文有一个形容荷兰亲子关系非常准确的词，也就是"小朋友"一词。

学习新语言的乐趣之一，是可以用"外来者"的角度去思考新学词汇的意思，比方说，我在台湾的第一位中文老师在教我们"芒果"这个词的时候，就建议我们把它想成是个很"忙"的"水果"，从此，"乱想学习法"就成为我记忆中文词汇的学习方法。

当然我这个外国人乱想出来的字义，跟母语人士认知的正确词义往往有一些差别，但这正是这个特殊学习法好玩的地方，因为大家想出来的意思都不一样，聊天时可以比较一下彼此想出来的意思哪里不同，简直就像游戏一样。我第一次听到"小朋友"这个词时还没有当爸爸。一开始觉得这个词很可爱、很温馨，好像大人跟孩子间有着非常亲切的朋友关系，我也很喜欢使用"小朋友"这个词。

有了孩子之后，因为日常生活角色有所改变，开始对一些旧词汇有了新的想法，例如我就觉得"小朋友"这个词能完全反映出荷兰人对亲子关系的看法，也能反映出荷兰式教养的整体过程。

父母对孩子要"负责任"的意思是说，教养孩子的目的，是让刚出生的、完全依赖父母的"孩子"渐渐长成可以独立思考、经济上不需要依赖父母的"大人"。

换句话说，父母跟孩子的关系，一开始是孩子服从爸妈、父母有责任保护与培养孩子，是一种小跟大的垂直关系；但是生育教养下一代的终极目标，在于让孩子成为完全不需要依赖父母、可以独立面对世界的挑战、创造自己价值的大人，两组独立且可以平等互动的个人，不就是"朋友"吗？

把孩子从"小"养成"朋友"，就是这本书想要传达的概念。

荷兰式教养的目标：教孩子独立思考，创造自己的价值

对荷兰父母而言，教养的目的就是要把对大人完全依赖的孩子，培养成社会独立的成员，在社会上要独立，必须打开眼界，勇敢地面对社会中各项挑战，培养独一无二的思考能力，以创造自己的价值，这个荷兰式教育的过程，也是这本书想要探讨的核心概念。

本书第一部分想要介绍的是荷兰家庭中孩子与大人的关系，荷兰父母如何在孩子0~6岁还完全依赖父母的阶段，建立各种各样的生活习惯，并说明荷兰父母如何扮演孩子生活中各种层面的裁判，坚定地建立起孩子生活的规矩。

第二个部分则是探讨孩子从小学到初中这个阶段的生活。当孩子度过了靠父母建立规矩的年纪后，他渐渐接触到社会的各种挑战——从洗碗、照顾自己的生活起居、建立金钱的价值观，到处理人与人的关系，以及建立对社会与政治议题的想法。荷兰孩子在这个阶段会接触到许多大人天天需要处理的事情，在父母从旁指导之下，慢慢培养经济独立与独立思考的能力，这个阶段可以说是为孩子"转大人"而做准备。

第三个部分讨论另外两个重要的教育场合：学校与社团。培养可以创造自己价值的人，不只是家庭内的事，也是荷兰社会的经济基础。本章探讨的议题包括：孩子如何在学校的体系内找到属于自己的学习路线、荷兰政府对教育的要求，以及教育体系内针对理念的讨论。另外，荷兰青少年的成长过程中，各种非营利社团也扮演了重要的角色。荷兰青少年通过参加社团，学习团体生活与领导能力，这种培养社会中流砥柱成员的过程，跟中国以个人能力为出发点的才艺班大大不同。

第四部分是我对中国台湾的文化和孩子长大后的亲子关系的观察，包括：父母亲对儿女感情选择的态度、婆媳关系、荷兰成人如何安排高龄父母的照顾等，这部分都是我来到中国台湾之后经历的文化大震撼，我想更能让读者们理解中国同荷兰的文化差异与思想的不同之处。

期望这本书能为读者们提供新的思维方式，让我们的孩子能有更多的可能性，创造属于自己独一无二的价值，拥有幸福快乐的人生。

‖前　言‖
荷兰爸爸的育儿启发与省思

这本书想要探讨的是把孩子从"小"养成"朋友"的"荷兰式教育",但荷兰式教育到底是什么意思呢?

从习以为常的概念想出一个定义,往往是很困难的事情,举例来说,如果我现在问你:"说起中国台湾人,会让你想到什么?"我相信不同的读者会有不同的答案。有的读者可能认为台湾人很热情或者很有人情味,有的读者可能会说台湾人就是世界生产线的ODM①,或是认为台湾人就是生活在台湾宝岛的人……

中国的台湾读者可能对中国的"台湾人"有一百种不同的定义,荷兰人也会对"荷兰人"或"荷兰式教育"这两个概念有完全不同的认知,因此探讨"荷兰式教育"的时候,也需要先清楚说明这本书提到的"荷兰式教育"的定义。

虽然这本书在作者序中用"勇敢地打开眼界,面对世界的挑战,用

---
① ODM是英语Original Design Manufacturer(原始设计商)的缩写。

自己的方式创造自己的价值"定义荷兰式教育的理念，但是我相信每一个荷兰人对"荷兰式教育"都有不同的想法，因此，这本书探讨"荷兰式教育"的时候，主要探讨的是我个人对"荷兰式教育"的观察与理解。

从我自己长期在荷兰家庭、学校与社团的经验，到现在成家立业，每个人生阶段总是会有些感想，看到许多跟我一起长大的朋友们走向家庭，生儿育女，大家也都是在摸索中前进，当中我们交换意见，互相讨论，渐渐也有了些自己的心得。要说明我对荷兰式教育的认知，需要先介绍我到底怎么成为荷兰爸爸的。

我在荷兰的生活与求学生涯

我的家乡就在荷兰阿姆斯特丹、鹿特丹、海牙与乌特列支四个大城市中间的"绿色核心"（Het Groene Hart）地区。荷兰的绿色核心，虽然是由四个大城市围绕而成，但这当中有许多乡镇地区，譬如我自己长大的小镇，人口大概只有六千人，小镇跟小镇之间放眼望去，全是农地与运河。

在小镇的童年，我大部分的时间都是在户外玩耍，不是在踢足球，就是在农地玩躲猫猫，夏天天气好的时候可能在小镇附近的运河游泳或划船，冬天有时候还可以在运河上溜冰。荷兰的绿色核心人口大约有五十五万人，所以我的童年在荷兰并不算是特例，大部分荷兰人的经验跟我差不多，就是小时候在乡镇中成长，长大移居到大城市求学就业。

我父母在我出生之前就搬到这个小镇了，一九七八年迎接我姐姐到这个世界上，一九八一年我哥哥来报到，三年以后我也来到这个五口之家。我从小学一年级到硕士毕业，全都是在荷兰教育体系中完成的，我在荷兰的求学经验,也应该跟许多荷兰的孩子一样。小学时就读的学校离我家很近,走路大概只需要五分钟。小镇的生活资源非常有限,要追求更好的教育,就需要离开它,到大一点的城市。像我的中学,就是在我们小镇附近的"大城市",这座城市离我们家小镇的距离大概有十一公里,我每天跟同学一起骑脚踏车到学校,无论风雨有多大,都必须背着书包骑十一公里的脚踏车才能到校。

除了每天上学做功课的生活,我从小也跟许多荷兰人一样参加课后的社团活动。荷兰人的休闲活动大部分都依赖社团,我从小参加的社团,也是荷兰人参加最多的社团,就是足球社,6岁我就开始上足球课,每个礼拜有两天晚上跟社团练球,礼拜六白天则参加社团间举办的比赛。荷兰的非营利社团可以说是孩子的第三个教育场合,讨论荷兰式教育必须纳入社团的角色,像我自己,童年的许多回忆都跟社团有关系。

从交换生成为家有二宝的荷兰爸爸

中学毕业(作者就读的是六年制中学,此处的中学毕业相当于高中毕业。有关荷兰的中学学制请见114页)后,我就离开小镇,跟许多荷兰年轻人一样借着毕业证书到手后的自由,安排了一个gap year(壮游),前半年我在餐厅打工存钱,后半年则从荷兰搭西伯利亚铁路跨越俄罗斯到了北京,在中国旅游生活了六个月。

环游世界半年后,我回到荷兰开始我的大学生活,在荷兰的乌特列支大学(Utrecht University)就读人文地理学科,大学一年级时需要写很多报告,不过好处是学生可以自己决定题目,我便常常选些跟东亚有关的题目,慢慢地我觉得自己对东亚真的挺有兴趣,大学二年级时我决定修习一年的中文课程,给自己一个挑战。我在荷兰上的中文课开启了我的眼界跟热情。我决定到一个说中文的环境继续学习,那时候大部分想要学习中文的人都去中国大陆,但是因为我的学校只跟中国台湾的学校有交换计划,所以就选择去台大交换一个学期,也就此开启了我跟台湾的缘分。

第一次走进台大的校园,我压根没想到这所学校会对我的人生产生这么大的影响。交换到台大的那几个月,我对中文的兴趣更加深入,也认识了当时在台大研究所读书的太太。交换生的学期结束之后,我跟太太决定要认真经营这段感情,即使是远距离也没关系。后来太太毕业后在台湾找到了工作,问我要不要搬到台湾生活。

因此,我在二〇〇九年正式来到台湾,开始就读台湾大学社会系的博士班,二〇一〇年三月我向太太求婚,同年十二月就这么参加了自己的婚礼,从一个来台湾的交换生升级到阿兜仔①女婿了。

我们的二人世界一直持续到二〇一三年,那年太太给了我人生中一个最大的惊喜,就是她怀孕了!我们在二〇一四年迎接宝贝女儿来到这个世界,二〇一六年又欢喜地迎接我们家的弟弟来报到,我就这样成为家有"二宝"的荷兰爸爸。

东西教育观激荡的火花

虽然我跟太太交往了五年才结婚,对于彼此的个性及习惯已经很适应了,但在跨文化家庭中教养孩子,完全跟二人世界不能相提并论,我们

---

① 阿兜仔:在台湾,人们对外国人的称呼。

夫妻两人在不同的文化中成长，生活习惯与教育理念大大不同。日常生活中，我们二人带孩子的方式有所不同，我们花了许多时间彼此适应，从"唉！你怎么会这样做"的质疑，开始更自觉地讨论文化及社会期待对教养方式产生的影响。

通过这样的讨论，我们发现其实自己教育孩子的方式，跟自小成长的经验有很大的关系，我所采用的"荷兰式教育"就跟我的家庭背景、学习经历以及社团经验息息相关，在荷兰这三个教育场合交叉影响下成长的我，当然跟出生于中国台湾以及在台湾教育体系内长大的太太有不同的见解。

这种差别反映出的是我们不同的看法，但这并不代表其中一种看法比较"好"或"正确"，另外一种看法比较"不好"或是"错误"，我们只是很幸运地在日常生活中发现有另外一个参考的观点。

在这本书里面，我希望能通过自己日常生活中发生的小故事，以及这些故事为我们带来的思考，提供给读者对教育的另一种想象，给读者不同的参考，而这个参考，就是我所认识的荷兰式教育。

你准备好跟我一起打开眼界，放开心胸认识荷兰式教育了吗?

目录

Part 1 0~6岁幼儿期
建立规矩，爸妈是孩子的裁判

"清楚""有道理""少而美"的荷兰式规矩教育　003

Case 1　咖啡厅里不守规矩的小男孩

规矩是原则，不是选择！
——问孩子"好不好？"会让必须遵守的规矩降级成可以自选的建议

【荷兰父母这样想】家庭规矩是教养的基础，能提供给孩子一套可依循的框架与准则

【荷兰父母这样做】"禁止性规矩"的目的是确保孩子的安全
——建立规矩三原则："清楚""有道理""少而美"

【荷兰父母这样做】"鼓励性规矩"协助孩子建立好行为、好习惯
——夸奖孩子在过程中的努力与学习，好习惯建立了，便不用再强调

恐吓式教育的反思　011

恐吓无法教会孩子何谓"好"的行为

Case 2　餐厅里遇到一位爸爸用外国人来恐吓孩子

【荷兰父母这样想】没讲清楚规矩的恐吓式教育，只是失败的"禁止性规矩"
——不跟孩子沟通清楚规矩，会导致孩子无所适从，产生挫折感

【荷兰父母这样做】孩子哭闹不休时，先将他带离现场，等情绪稳定后再沟通
——清楚的规矩与良好的沟通，比起空虚的威胁有用多了！

比较式教育的省思　017

教育的目的不是模仿他人，是内化正确的价值观

目 录

Case 3 隔壁桌的哥哥都乖乖地吃饭，你怎么一直都不乖呢？

<u>荷兰父母
这样想</u> 找到正确的价值观比找到模仿对象更重要

<u>荷兰父母
这样想</u> 比较式教育让父母错失与孩子沟通的好机会

比较式教育会让孩子觉得"人格"被否定，变得没自信

比较式教育背后的用意其实是"鼓励性规矩"

荷兰父母是孩子的裁判　023
孩子做错事时，惩罚要有原则、有态度、有方法

Case 4 惩罚孩子吃肥皂的荷兰妈妈

<u>荷兰父母
这样做</u> 可以惩罚孩子，但必须有一套SOP
——事先警告、违反规则马上惩罚、不在公共场合惩罚孩子

<u>荷兰父母
这样想</u> 亲子沟通才是惩罚的重点，当下跟孩子说明被惩罚的理由

<u>荷兰父母
这样做</u> 惩罚过后的亲子沟通3原则

<u>荷兰父母
这样想</u> 这4种情况下，动用惩罚是没有意义的

父母应该体罚孩子吗？一生只应该动用数次的大绝招　032

Case 5 捷运上的妈妈用"爱的拍拍"惩罚孩子

<u>荷兰父母
这样做</u> 体罚是父母一生只用几次的大绝招
——重点在体罚前后的沟通，让孩子了解他的错误严重到父母只能用绝招来惩罚

惩罚孩子时，家长最常犯的3个错误

你不准当我家的裁判　037
荷兰父母自有一套坚定的家庭教育原则

Case 6 外孙女的教育，就算亲外婆也不能插嘴

<u>荷兰父母
这样做</u> "不当别人家的裁判"，尊重每个家庭对教养的不同看法与理念

目 录

> **荷兰父母这样想** 接受这个社会有不同的价值观存在,是自由与开明的基础

卡通偶像是所有孩子的共同裁判? 041

Case 7 教导孩子"生活自律"的巧虎大神

在中国台湾地区,巧虎大神是每个家庭的终极偶像!

> **荷兰父母这样想** 故事书不是教养孩子的工具,而是让他享受阅读乐趣的途径

裁判应该何时出手? 047
让孩子"学到教训"的放手艺术

Case 8 让孩子在0摄氏度穿背心体验寒风刺骨

> **荷兰父母这样做** 适当让孩子体验错误选择的后果,从经验中学习

> **荷兰父母这样做** 从"比利时背心"事件,看荷兰父母管教拿捏的两大重点

> **荷兰父母这样做** 放手让孩子尝试错误时,应注意的两个条件

【专栏】旅行中,孩子不是对手,而是"队友" 054

在荷兰,大人带两个小孩出门不是"一打二",而是"一配二"

爸妈事先沟通好期待和要求,孩子的表现可以超乎预期

Part 2 小学~初中
"家庭教育"让孩子实习如何当大人

从洗碗、打扫、煮饭开始实习当大人 059

Case 9 大学毕业了还不会煮饭

目录

<small>荷兰父母这样做</small> 教出不依赖父母、能独立面对生活挑战的成人

<small>荷兰父母这样做</small> 让孩子从做家务的过程中，实习当大人

<small>荷兰父母这样做</small> 通过各种家务，让孩子逐步掌握"当家"与"持家"的本领

教育孩子养成正确的金钱价值观　066

Case 10 孩子高中毕业环游世界，父母不出任何一毛钱

<small>荷兰父母这样做</small> 孩子的第一堂理财课：学习规划零用钱
——让孩子明白不是所有"想要"的东西都得买，必须做出取舍

<small>荷兰父母这样做</small> 自己想花的钱自己赚：通过打工了解赚钱不容易

<small>荷兰父母这样做</small> 进阶版的理财学习：让孩子自己规划旅游
——了解金钱"真正"的意义，明白为达目标必须放弃一些其他事

渐进式的放手教育　073
培养孩子的独立性与主动性

Case 11 初中生想和朋友去跨年，父母该允许吗？

<small>荷兰父母这样做</small> 家有追求自由的青少年，父母原则上会允许孩子去探险
——让孩子放胆去试，父母从旁辅导，确认孩子是否做好准备

<small>荷兰父母这样做</small> 培养孩子独立的秘诀：放手不放任，让他在父母可掌控的范围内探险

人际关系（一）兄弟姐妹之间的平等关系　079
"听话"的孩子才是好孩子吗？

Case 12 为什么荷兰人不鼓励妹妹听姐姐的话？

<small>荷兰父母这样想</small> 兄弟姐妹的关系是平等的，自己的决定自己负责

为何越来越多的孩子缺乏独立思考的能力？
——过度强调安全的人际环境，让勇于表达意见的孩子被视为群体中的麻烦人物

<small>荷兰父母这样想</small> 每个孩子都有权发表自己的想法，每个人的想法都值得被尊重
——要求"听话"的制度，无法鼓励个人发展自己的想法

目 录

人际关系（二）怎么解决大人世界无所不在的冲突？　086

Case 13 中国台湾地区的人和荷兰人，解决冲突的方法大不同

<荷兰父母这样想> 冲突是日常生活中必然发生的事，重点在于处理冲突的方式

<荷兰父母这样做> 处理冲突的SOP，是孩子成为大人的必修课程
——冷静→表达→响应→道歉，学习处理冲突的正面应对方式

荷兰父母处理争吵的SOP，对孩子成年后生活的3大关键影响

人际关系（三）做大人做的事　093
性教育的重要性

Case 14 初二的生物课程，老师用香蕉示范怎么用保险套

<荷兰父母这样想> 不教孩子性教育、保护自己的方法，无法真正解决孩子将面对的问题

荷兰性教育的内容：认识自己的身体、捍卫身体的自主权

<荷兰父母这样做> 家庭教育中，父母对孩子的性发展应保持开明态度，必要时响应孩子的问题

锻炼孩子的理性思辨能力　100
自小让孩子接触政治和社会议题

Case 15 用开放的眼界看待政治倾向

<荷兰父母这样做> 重视培养孩子对各种社会议题的主见

通过小而美的《儿童新闻》，让孩子从小习惯接触社会议题

<荷兰父母这样做> 与孩子讨论政治，从不同方面挑战他的观点，养成深度思考及抓重点的能力

【专栏】荷兰人为什么高个子这么多？　107

早餐吃饱，造就平均身高增高十五厘米的荷兰奇迹

多吃不加工的天然食物，健康的饮食习惯有助于成长

目 录

Part 3 初中～高中
家庭之外的教育场合——学校与社团

教育的蓝图：认识荷兰的教育体系　113

Case 16 从4岁开始的义务教育，专心玩才是重点

　　荷兰中学教育的三种学制：适才适所，让学生进入最适合自己的学制

　　荷兰也有学测，但不是"一试定生死"

荷兰父母
这样想 蓝领工作收入不输白领，学习过程开心才是教育重点

　　关于学制，荷兰国内的争议与反思
　　——荷兰跟中国台湾地区的教育体制各有所长，没有绝对的好或不好

如何在教育体系下找到属于自己的人生？　120

Case 17 开心当警察的表哥

荷兰父母
这样想 水电工也要学计算机跟企业管理，专业证照比高学历更有用
　　——在荷兰，不管哪种行业都需要几年的训练，结训后还要考执照

　　荷兰的经验参考：用制度改变思维，拉近贫富差距

荷兰学生在教育体系内的日常生活　125

Case 18 外甥女在荷兰的中学生活

荷兰父母
这样想 孩子应自主完成家庭功课，对自己的学业负责

　　大小考试不能少，荷兰中学生一点也不轻松

荷兰父母
这样做 给孩子独立空间安排忙碌的生活
　　——给家里的中学生较多责任，让他们懂得负责，也懂得接受失败

从荷兰教改看教育的终极目的　130

Case 19 "博学多闻"的中国台湾地区学生

一九九三年荷兰第一次教改：强调基础生活教育
一九九八年荷兰第二次教改：培养自主学习的能力
最新教改提案："二〇三二计划"重视学生独立追求知识的能力
三次荷兰教育改革的反思

社团活动也是荷兰学生重要的教育场合　136

Case 20 孩子参加社团，为的是提升课业表现还是为了"好玩"？

<u>荷兰父母这样想</u> 社团活动是荷兰孩子成长过程中第三重要的场合
——参加社团是多数荷兰人的成长回忆，也是社会发展的重要方向

<u>荷兰父母这样想</u> 年轻人借"玩社团"学习人生，发展兴趣，培养团队生活的能力

<u>荷兰父母这样想</u> 通过社团服务的过程，让孩子学习领导的能力

荷兰的社团活动谁买单？　141
政府与人民携手打造的教育环境

Case 21 2岁女儿的才艺班费用高得吓人

荷兰非营利社团VS.中国台湾地区的营利性才艺班
荷兰社团前线的人员都是义工
荷兰社团近年的危机：越来越少的人愿意牺牲自己的时间

【专栏】人口只有一千六百万的荷兰，如何让自己成为运动大国？　146

在荷兰，运动是全民都乐于参与的活动
运动能让孩子学到学校无法学习的宝贵能力

目录

Part 4　荷兰爸爸的文化观察

父母为何要反对儿女的感情选择？　151

Case 22　"高富帅"的外国白马王子，却被中国父母拒绝

荷兰父母这样想　孩子是父母心血的结晶，要相信他基于你身教言教做出的决定

荷式婆媳关系　155
不看结果看过程，肯定彼此的用心

Case 23　台剧的惊世婆婆和惊世媳妇

　　　　从来不做家务的女友，拜访未来公婆家时竟变了一个人

　　　　荷兰婆婆体贴未来媳妇的"亚洲胃"，早餐特地准备热食

为什么年轻人都不喜欢过年？　160

Case 24　当过年回家成了一种压力……

　　　　当过年过节成了一种"义务"，年轻人都讨厌回家过节

　　　　让年轻人感受到家人的爱而非"要求"或"义务"
　　　　——长辈清楚表达期望，给晚辈一点空间，晚辈也会了解背后的好意

荷兰式的三代亲子关系　164
父母年老后，该如何照顾老人家？

Case 25　92岁的外婆一个人独居在充满回忆的房子里

　　　　期待三代同堂的华人父母VS.独居不依赖子孙的荷兰父母

　　　　荷兰政府的老人照护政策虽周到，却无法解决"孤单"的心理问题

　　　　值得反思的银发族生活方式与照护工作

【专栏】为什么荷兰人这么爱兼职？　170
　　每个人在生活中都要扮演不同角色，公司员工不是唯一的角色
　　兼职工作的普及化，让家有学龄前儿童的父母兼顾育儿与工作
　　聘雇兼职员工有助于调整并减轻劳动成本

‖结　语‖ 育儿是一场历险　174

‖谢　辞‖　177

Part 1

0~6岁幼儿期

建立规矩,
爸妈是孩子的裁判

在孩子0~6岁、还完全依赖父母的阶段,
荷兰父母扮演孩子生活中的裁判,
坚定地建立各层面规矩,帮孩子形成好的生活习惯。

"清楚""有道理""少而美"的荷兰式规矩教育

中国父母:"坐下来乖乖吃饭,好不好?"

荷兰爸爸的真心话:"规矩是原则,不是孩子可以选择做或不做的事。"

Case 1 咖啡厅里不守规矩的小男孩

有一天,我带了计算机去咖啡厅工作,座位后面传来这段大家应该都不陌生的对话。

"吃饭前先洗手,好不好?"

"不要!"

我回头看到一个四五岁的小男孩与他爸妈以及祖父母在吃饭聊天,四个大人很努力地"劝"小男孩遵守吃饭的规矩,立意良善,但是问题来了——他们管教的方法非常无效。

我继续敲打键盘,听到妈妈再次温柔地问儿子:"先吃一口,好不好?"

"不要!"

听到孩子第二次拒绝父母的要求,我心想,这场家庭伦理大戏的高潮应该快要开始了。果然，这次换爸爸客气地问："坐下来吃饭，好不好？"

小男孩又回答："不要！"

这次孩子不只用言语拒绝爸妈，还站起来走几步到另外一张桌子前面，开始他们家的"马拉松追逐战"，大人轮番上阵追孩子，好不容易追到，塞了一口饭到孩子的嘴巴里，孩子又跑掉了，你追我跑的游戏再次开始。

整个聚餐过程中，小男孩从头到尾都没有遵守父母设立的吃饭基本规矩。

规矩是原则，不是选择！
——问孩子"好不好？"会让必须遵守的规矩降级成可以自选的建议

看了这个状况，我心里忍不住冒出一个疑惑："这样追着孩子喂饭不是很累吗？为什么这对父母没有办法让儿子遵守生活的基本规矩呢？"

在我看来，这对父母的管教之所以无效，是因为他们跟孩子讲规矩的时候，把自己的规矩包装成问句，把"吃饭前洗手"的规矩，说成"吃饭前先洗手，好不好？"的问句。

加了这一句"好不好"，意思就是让孩子选择"好"或"不好"，让他自己判断要不要遵守父母的规矩。这时候必须遵守的规矩便降级成可以自选的建议，这种规矩，有跟没有一样。

> 荷兰父母这样想

家庭规矩是教养的基础,能提供给孩子一套可依循的框架与准则

很多荷兰父母认为,规矩是教育的基础,是给孩子安全感的工具。规矩不只能确保孩子的安全,"比方说不能玩刀子、不可以跟陌生人走",父母也能通过各种规矩,安排孩子的时间与生活空间。

空间安排的规矩,比如通过"在床上不能玩玩具"这个要求,帮助孩子区分"睡觉"与"玩耍"的空间,让孩子了解"床"这个空间是专门用来睡觉休息的,"客厅"或是"游戏间"才可以玩玩具。而时间安排的规矩,比如"吃饭前要洗手"与"睡觉前要刷牙",向孩子预示接下来的时间应该做什么事情,让孩子对一天的行程有心理准备。

荷兰父母之所以重视规矩的建立,是因为规矩可以帮助孩子建立生活的空间感及时间感,提供一套可依循的框架与准则。建立好家庭规矩,还能让孩子在上托儿所或学校前做好心理准备。这些场合充满了各种为了确保秩序的规矩,"例如上课不准聊天、过马路要排路队等",孩子开始社交生活后,也得学会怎么跟其他小朋友相处(譬如跟其他小朋友发生冲突时不能打架、跟同学玩游戏不能作弊等)。

随着孩子的成长,规矩也会改变,但在规矩下生活是人类社会的必然,若是学龄前的儿童可以在家中先学到这一课,也比较容易适应家庭外的生活。

荷兰父母通常会区分两种规矩——"**禁止性规矩**"与"**鼓励性规矩**"。

荷兰父母这样做

"禁止性规矩"的目的是确保孩子的安全
——建立规矩三原则:"清楚""有道理""少而美"

"禁止性规矩"的目的是禁止孩子做某一件事,主要目的在于确保孩子的安全。譬如我们家的厨房放了垃圾桶及回收桶,也常在厨房开火炒菜烧水。这些事物对幼儿来说非常危险,为了保护女儿和儿子,我们决定设立"孩子不能进厨房"的规定。

要宝贝们遵守这个"禁止性规矩",我认为需要符合三个原则:

原则1 规矩要简单、清楚而具体,以便孩子理解规矩的内容

像我们家"不能进厨房"的规矩若换成"不能摸垃圾桶""不能碰柜子里的清洁用品"以及"不能靠近燃气炉"这三个规定,可能会因为太复杂让孩子无法理解而记不住,因此父母设立规矩的时候一定要越简单、越清楚、越具体越好。

原则2 规矩背后要有清楚的理由,孩子才能了解为何该遵守规定

比如,"不能进厨房"的规矩是"因为厨房很危险",孩子进厨房容易受伤。每次女儿和儿子想要进厨房的时候,我们会不断地告诉他们为什么爸妈不让他们进厨房，让他们理解爸妈设立这个规定不是为了欺负或排挤他们，而是为了保护他们。一直重复讲规矩背后的道理，女儿和儿子也渐渐接受他们不能进厨房这件事，并了解到厨房里哪些东西是具有危险性的。

跟孩子沟通规矩背后的道理有另一个好处，就是孩子一旦接受了大人的道理，对父母的信任感也会跟着提升；未来父母在设立新规矩的时候，孩子也会因为过去的经验，相信新规矩也有它的道理，比较容易接受父母设立的规矩。

原则3 规矩要少，避免约束孩子的空间与行动

若孩子动不动就会不小心打破父母某一项规矩，会让他们觉得无论做什么都会违反规矩，反而增加了孩子的挫折感，使孩子失去探索世界的信心。

荷兰父母这样做

"鼓励性规矩"协助孩子建立好行为、好习惯
——夸奖孩子在过程中的努力与学习，好习惯建立了，便不用再强调

"鼓励性规矩"的主要目的是鼓励孩子表现"好"行为以及建立"好"的生活习惯。譬如我家女儿喜欢看书，常常把所有的书都排在地上一本一本看，阅读完也没有物归原处，因此我们便设立"睡觉前一定要收拾好小图书馆"的"鼓励性规矩"。

当然，"鼓励性规矩"跟"禁止性规矩"一样要符合三个原则：要

"清楚",这样孩子才能了解规矩的内容;要"有道理",这样孩子才容易接受;要"少",这样孩子才能慢慢记住与习惯。但是,跟"禁止性规矩"最大的不同在于,家长必须用夸奖的方式鼓励孩子遵守"鼓励性规矩"。

就拿"收拾图书馆"的规矩来说吧。每天晚上我们都不厌其烦地对女儿说要准备睡觉啰,该去收拾图书馆了。但有些书对2岁孩子来说还是挺重的,也不容易放回柜子,因此我们便要求女儿把书捡起来给爸爸妈妈,父母帮忙把书放回去。当女儿看到我们大人的行为时,便坚持要跟爸爸妈妈一样,自己把书放回去。

一开始设立这条规定的时候,我们并不勉强女儿,看到她帮忙,便夸奖她,对她说:"谢谢你,看完了把书放回去是很好的习惯!"

现在女儿已经习惯捡书,我们就不再夸奖她捡书的习惯,而是在看到她把书放回柜子里时夸奖她:"哇!真的很棒,把书放好!谢谢!"

等到女儿可以把书排得整整齐齐时,我们的夸奖就换成:"哇!好整齐!谢谢你把书排得那么好啊!"

最后一步应该是我们不用提醒,她也会主动收拾图书馆,等到那一天我们应该会夸奖女儿,说她很独立,帮爸爸妈妈维持家里的整齐。

等到收拾图书馆成为女儿的习惯,我们就不夸奖她了,早就学会的好习惯继续夸奖,会让孩子觉得这是什么了不得的成就,而不是她应该做的事。"鼓励性规矩"是有目的性的,等到目的(建立好习惯)达成了,便可以不用再强调。

"鼓励性规矩"之所以需要通过夸奖的方式执行,是因为希望通过夸奖鼓励孩子展现好行为，进而建立好习惯，因此，**值得夸奖的不是最后的结果，而是孩子在过程中的努力与学习，另外，夸奖的对象不是孩子早就学会的行为，而是孩子新学会的行为以及进步的地方。**

在咖啡厅追喂小男孩的父母，如果也可以认识包含"清楚""有道理"与"少而美"三原则的荷兰式规矩教育，肯定可以省下不少力气，下次家庭聚餐时，孩子也可以好好地陪家人吃一顿饭了。

荷兰式规矩 分成 2 大类

"禁止性规矩"
确保孩子的安全

"鼓励性规矩"
协助孩子建立好习惯

荷兰式规矩 的 3 大原则

原则 1
"简单、清楚而具体"

"不能摸垃圾桶!"
"不能碰柜里的清洁用品!"
"不能靠近燃气炉!"
↓
简单归纳为
"不能进厨房!"

原则 2
"有道理"

重复告诉孩子规矩
之后的道理
↓
孩子接受大人的道理,
对父母的信赖提升
↓
容易设立新规矩

原则 3
"少而美"

避免过度约束孩子的
空间与行动
↓
过多规矩会增加
孩子的挫折感
↓
失去探索世界的信心

恐吓式教育的反思
恐吓无法教会孩子何谓"好"的行为

中国父母:"你再不乖我要叫警察来抓你哦!"

荷兰爸爸的真心话:"这么说太低估孩子的认知能力,孩子知道警察不会真的来抓他。"

Case 2 餐厅里遇到一位爸爸用外国人来恐吓孩子

记得女儿刚出生的时候,荷兰爷爷奶奶来中国台湾看她,全家开开心心地去巷口的餐厅吃饭。张罗好点菜,我起身去帮大家拿饮料,冰箱旁边坐了一个小家庭,有个三四岁的小男孩。

"我不要!我不要!"小男孩不知怎么了一直在哭闹,说实话,我有听到小男孩的哭声,但没有特别在意,反正他的父母都在,就让他们处理吧。没想到小男孩的爸爸忽然说了一句话,让我不得不注意到……

"你再不乖,那个外国人会把你抓走!"(外国人?不就是我吗?)我当场傻眼,真不敢相信在现今已如此国际化的中国台湾地区,还是有父母像这样用"外国人"恐吓他们的孩子,好像我是个坏人。

"对不起,你是说我吗?"我问小男孩的爸爸。

"对……"（很显然这位爸爸没想到外国人也懂中文。）

"那么，你是说我会绑架孩子吗？"

"我不是这个意思！但是……但是……他不乖啊！"

我一开口，小男孩的爸爸就开始紧张得出汗了，大概觉得他怎么这么倒霉，遇到一个听得懂他可笑威胁的外国人。

荷兰父母这样想

没讲清楚规矩的恐吓式教育，只是失败的"禁止性规矩"

——不跟孩子沟通清楚规矩，会导致孩子无所适从，产生挫折感

我当然知道这个爸爸并非有意指控我是个绑匪，也没什么恶意，但进一步想想，这整件事除了对我这个阿兜仔有些失礼外，更令人忧心的是家长使用"恐吓"的方式教育孩子，突显出这种教养方式背后严重的问题。

恐吓式教育在中国台湾似乎很常见，我和朋友分享上述故事时，他们都见怪不怪。最常听到的就是"你再不乖，警察伯伯会把你抓走"，我不得不承认，这个爸爸把"警察"换成"外国人"也算是展现了因地制宜的创新。

中国台湾的父母用"警察"或者"外国人"来恐吓孩子，大多是因为觉得孩子"不乖"，想要禁止孩子重复这些不好的行为。不过，在我看来，恐吓式教育算是一种失败的"禁止性规矩"。这样的教育有四个严重的问题：

问题1　父母没有设立清楚规矩，无法让孩子知道爸妈的要求及期待

如果"禁止性规矩"要"清楚""有道理"及"少而美"的话，恐吓式教育第一个问题在于，父母并没有设立清楚规矩，无法让孩子知道爸妈的要求及期待。

故事中的爸爸要求儿子要"乖"，却没讲清楚"乖"的意思到底是什么。因为父母没有跟孩子解释他要怎么做才算是个乖宝宝，孩子当然搞不清楚究竟什么是乖的行为，即使他想要服从父母的命令，也会因为不清楚规矩，而搞不懂究竟该怎么做才对。

在规矩没讲清楚的情况之下，父母对孩子的要求及期待也不可能明确，孩子又怎么知道什么行为算是好，什么行为不好？ 因此，没有讲清楚规矩，孩子就不知道怎么当个乖宝宝。

恐吓式教育连规矩都没沟通清楚，怎么让孩子知道规矩背后的道理呢？餐厅里哭闹的小男孩，不只不晓得到底怎么做才算是乖，也不知道为何要当个乖宝宝。父母没有告诉孩子"禁止性规矩"背后的道理，很难说服他为何要当一个乖孩子。

问题2　被当成应对紧急情况的手段，致使"禁止性规矩"过多

恐吓式教育通常是父母解决孩子哭闹不休问题时的终极大绝招，往往在情况最绝望的时候才会使用。把恐吓式教育当作应对紧急情况的手段，意味着大人在当下才"突然"想出来这些规矩，每次遇到紧急情况就想到新的一套规矩，使得父母设立太多"禁止性规矩"，造成孩子不知道在什

么场合该展现什么行为才算是"好",加深了孩子的挫折感。

问题3　孩子无法搞清楚规矩背后的道理

用恐吓方式来设立"禁止性规矩",除了突显父母疏于沟通的问题,也高估了孩子的认知能力。光指出孩子不乖,却没有协助他从这么复杂的情况中,理解何谓乖的行为,未免太强人所难。

恐吓式教育只能让孩子自己去思考规定背后的道理,这样的推论,需要高度抽象的思考能力,连大人自己也常抓不到生活中的潜规则,又怎能期望小朋友做到呢?

问题4　低估孩子的认知能力,孩子知道爸妈的惩罚其实不会被执行

恐吓式教育低估了孩子的认知能力。小男孩真的相信外国人会抓他吗?小男孩的爸爸应该也知道路上的外国人通常不会没来由地抓走孩子。孩子不笨,也明白父母提到的情况从来没发生过,父母却天真地以为孩子会傻傻地上当,还真是低估自己孩子的聪明才智了。

低估孩子的认知能力导致恐吓式教育的另外一个问题:没有一个具体的处罚方式。小孩知道外国人和警察伯伯不会真的把他抓走,所以威胁他会被抓走当然没用,父母也就失去了给予适当惩罚的机会。当然,惩罚的目的不是让大人出气,而是让孩子了解到,不好的行为会有不好的后果,也让父母有机会强调对孩子的要求、规则及期待。

但是,当孩子知道父母的惩罚不可能被执行时,就等于完全没有惩

罚。孩子会觉得不管自己怎么做，父母都没有实际惩罚的手段。更糟糕的是，父母无法通过惩罚，向孩子说明：什么样的行为是不对的？为什么不对？未来应该怎么改进？

总而言之，在设立规矩时用恐吓的方式，不仅没有遵循"简单而清楚""有道理"与"少而美"的原则，还低估了孩子的认知能力，无法让他们理解规矩背后的道理，同时又因为没有恰当的惩罚及与孩子的沟通，而使恐吓式教育成为一种无效的失败的教养方式。

荷兰父母这样做

孩子哭闹不休时，先将他带离现场，等情绪稳定后再沟通

——清楚的规矩与良好的沟通，比起空虚的威胁有用多了！

跟上述爸爸不同，荷兰父母去餐厅之前通常会订好在餐厅里的几个"禁止性规矩"，跟孩子沟通清楚哪些规矩需要遵守，并对孩子说明规矩背后的道理。

当然荷兰的孩子也会有哭闹不听话的状况，在我成长的记忆中，当荷兰父母遇到孩子哭闹不休时，通常的处理方法是先带孩子离开现场，用其他事物吸引孩子的注意力，使其冷静一下。

情绪稳定下来后，沟通才有效，这时候再好好地解释他刚才的行为为什么不乖，通过说明和沟通，让孩子理解规矩和行为的标准，使其慢慢地建立日后的行为模式。

因此，也许小男孩的爸爸下次不用刻意地拿外国人来恐吓儿子，只要带其离开餐厅去附近散散步，走个几分钟，等孩子情绪稍微稳定后再沟通，他就可以成为一个乖宝宝了。

所以，各位爸爸妈妈，下次当你们喊出"你再不乖我就……"时，请吞下后面恐吓的话语吧！

好的教养从清楚的规矩与良好的沟通开始，先采取"清楚""有道理"与"少而美"的原则设立"禁止性规矩"，再跟孩子说清楚你的期待与要求，良好的亲子沟通绝对比空虚的威胁有用多了！

比较式教育的省思
教育的目的不是模仿他人,是内化正确的价值观

中国父母:"隔壁的哥哥都乖乖吃饭,你怎么都不乖?"
荷兰爸爸的真心话:"孩子也许可以做到模仿,但他是否能理解这个行为是好还是坏呢?"

Case 3 隔壁桌的哥哥都乖乖地吃饭,你怎么一直都不乖呢?

有一天,我们全家出门去餐厅吃饭,隔壁桌也坐了一个小家庭,爸爸、妈妈跟孩子都安静地享受晚餐,但我们家的状况却很不一样。

那天女儿可能因为没睡饱,向来像个小天使的她,完全变成了愤怒的小恶魔,平时我们只要用一些小东西就可以转移她的注意力,不过那天这招完全失效,玩具被摔到地上、喂的饭全都吐出来,也不愿意让大人抱着,怎么做都不对。

最后,我们真的没招了,太太就说出了我一直以来觉得很恐怖的一句话:"隔壁桌的哥哥都乖乖地吃饭,你怎么一直都不乖呢?"

> 荷兰父母这样想

找到正确的价值观比找到模仿对象更重要

其实，这种比较式口吻在中国台湾地区还满常见的。无论在什么地方都能听到这样的比较式句型："你看，××都这么乖（棒），你怎么都不会？！"我可以理解家长使用这样的句子，目的是希望提供一个值得模仿的对象，不过拿这个对象跟你的孩子比较真的适当吗？

隔壁桌的小朋友比我女儿大三四岁，已经学会自己坐好并用筷子吃饭，但女儿还不到两岁，**发展阶段完全不一样，要求孩子去做她做不到的事情，只会让孩子感到挫败。**

即使是同龄的孩子，发展的速度也会有一些差异，有的孩子比较快地学会走路，有的孩子比较快地学会说话，有的孩子个性比较安静，有的孩子比较好动。这些因素让孩子成为一个独立且不同的个体，要求这些独一无二的个体去模仿父母指定的对象，真的合适吗？

孩子也许可以做到模仿，但他们是否能理解这个行为是好还是坏呢？**一味地让孩子模仿，却没有建立"好行为"背后的正确价值观是不妥当的，**当他们遇到新的状况时可能就不知道该怎么做才好，因为没有人可以模仿了，甚至可能选错模仿对象而走上歧途。

> 荷兰父母这样想

比较式教育让父母错失与孩子沟通的好机会

比较式教育是通过模仿来教育孩子，父母并没有跟孩子沟通清楚怎么做才是"乖",也没让孩子知道"不好"的行为是什么。太太跟女儿说"隔壁桌的哥哥乖乖地吃饭",女儿看到哥哥真的就能归纳出"乖乖地吃饭"到底是什么意思吗?同时,听到妈妈说自己"不乖",女儿真能理解自己的行为为什么不乖吗?

父母拿孩子做比较时,经常说出"你怎么都不会?"这种伤人的话,大人只指出了孩子做错事情,却没跟孩子说明他的行为错在哪里,也没讲明白"好行为"的原则,因此会错过关键的教育机会。

荷兰父母追求"清楚"以及"有道理"的规矩,重点在于让孩子明白好与不好的行为是什么,理由在哪里。相反地,前述比较式教育使中国父母在沟通规矩时充满模糊地带,只有相对,没有绝对,只指出模仿对象的做法,却没向孩子解释规矩背后的道理。父母自己都讲得不清不楚、标准模糊,又怎能要求孩子懂得规矩呢?

比较式教育会让孩子觉得"人格"被否定,变得没自信

比较式教育除了让父母无法清楚传达规矩的内容之外,采用这种教育方式的父母也对孩子下了一个判断,觉得孩子"一直都不乖",其实这样的判断背后隐含了对孩子的人格批判。

孩子违反规矩时,是他的"行为"不对,却不代表孩子的"人格"有问题。当父母对孩子说另外一个孩子"很棒",而他却"一直都不乖",并没有清楚地区分"行为"与"人格"。孩子经常被拿来做比较的话,很

可能会开始认为自己的人格或个性的确"有问题",长久下来,他会对自己全盘否定,变成一个没自信的人。

荷兰父母之所以设立"清楚"与"有道理"的规矩,在于这么做有一个具体的标准来判断孩子行为的对错,可以跟孩子清楚说明他的行为什么时候违反规矩,什么时候算是"乖",也避免将行为与人格混为一谈。

由此可知,比较式教育会伤害孩子的自信及自我认识,世上应该没有父母希望否定自己孩子的人格吧。

比较式教育背后的用意其实是"鼓励性规矩"

比较式教育表面上听起来像"禁止性规矩",父母是希望孩子停止不好的行为,就像我太太说隔壁桌哥哥比较乖,要求孩子"不要"再当"不乖"的宝宝。问题是,比较式教育真的像"禁止性规矩"一样,希望禁止孩子不好的行为吗?

我不这么认为。

在我看来,比较式教育并不像"禁止性规矩",反而比较像"鼓励性规矩"!

中国爸妈比较两个孩子的行为时,其实是希望"不乖"的孩子可以模仿比较"乖"的孩子的行为,因此父母使用比较式教育并不是要禁止孩子的行为,而是想鼓励孩子展现好的行为!

像我太太要女儿以隔壁桌的哥哥为榜样,虽然说口头上要求女儿"别再不乖",其实是希望女儿可以表现得更好,想鼓励女儿安静地坐下来,把自己的饭一口一口吃完。

要鼓励孩子展现好的行为，光靠批评是没用的，必须让孩子明白什么行为是不对的，更重要的是，当孩子表现良好时给予肯定。 教育也是要棍子与胡萝卜并用，只用棍子不给胡萝卜的比较式教育，效果当然不好。

在我们家，"比较式句型"算是迫不得已的招数了，通常是情急之下才会采取这种缺乏沟通跟鼓励的教育方式，结果当然是以失败收场。那天晚上在餐厅，我们只能硬着头皮赶快吃完落荒而逃，回到家后才慢慢地向女儿说明下次该怎么做才算是"乖"。

碰到这样的情况，荷兰父母通常会先带孩子离开现场，让孩子情绪冷静下来，等孩子心情平复可以沟通时，再好好说明刚才他的行为哪里"不乖"，并试着了解孩子为何表现不乖，向他说明下次该怎么做才算是一个"乖宝宝"。

从这个小故事可以得知，教养孩子对家长来说也是一个需要学习的过程，大人必须通过时时刻刻的自省，了解当天的育儿方法错在哪里，从而修正并改善自己对教养孩子的想法。也希望经过这样的学习与成长，身为父母的我们可以创造一个保护与支持孩子的环境，让孩子了解到自己独一无二的价值，进而成为一个有原则且正直的人。

> **荷兰爸爸的教养小提醒**
>
> **在小孩子的阶段,父母可以为孩子设立两种规矩**:确保孩子安全的"禁止性规矩"与帮助孩子建立好行为的"鼓励性规矩"。
>
> **家长设立规矩的三个原则**:"清楚""有道理"与"少而美"。
>
> **可以鼓励就不要禁止**:虽然用"禁止性规矩"确保孩子的安全很重要,但是可以用"鼓励性规矩"时,就不要用"禁止性规矩"。
>
> **沟通第一**:设立规矩时,要跟孩子清楚地沟通父母的要求跟期待,也跟孩子说明规矩背后的道理。
>
> **惩罚与鼓励双管齐下**:清楚而有原则的惩罚有助于孩子理解规矩的重要性,同时孩子遵守规矩时也要多称赞他。

荷兰父母是孩子的裁判
孩子做错事时，惩罚要有原则、有态度、有方法

中国父母："孩子做错事也惩罚他了，但他怎么一再犯同样的错？"

荷兰爸爸的真心话："亲子沟通才是惩罚过程的重点，别把重点放在惩罚的行为上。"

Case 4 惩罚孩子吃肥皂的荷兰妈妈

我吃过肥皂。

大概四五岁的时候，妈妈曾惩罚我吃肥皂。

妈妈叫我吃肥皂不是没有原因的，我是家里最小的，有一个比我大三岁的哥哥和大六岁的姐姐，虽然我们现在感情很好，但就跟所有兄弟姊妹的关系一样，小时候我们三个常常吵成一团。不过，因为我最小，常常成为被欺负的倒霉鬼。

有一天我跟姐姐打起架来，因为我力气小，不是她的对手，情急之下就往她的手上咬下去，姐姐痛到尖声大叫。妈妈听到这一阵混乱声跑来阻止我们，刚好看到我的牙齿正咬在姐姐的手上，妈妈急忙喊："岱思，给

我放开！你这样咬姐姐会痛！"

妈妈通常不会那么凶骂我，可见当时战况有多激烈。不过妈妈很快就恢复冷静："我们韦家第一个规矩就是不打架，因为打架不能解决事情，只会让对方的身体与心理都受伤！"

听到妈妈这么说，我指着姐姐小声地说："但是，她欺负我啊……"

"被欺负也没权利咬人！咬人的行为真的很不对，你过来浴室，我要惩罚你！"

接下来的故事你们都知道了，因为我乱咬人，嘴巴不干净，所以妈妈便用吃肥皂处罚我。

荷兰父母这样做

可以惩罚孩子，但必须有一套SOP
——事先警告、违反规则马上惩罚、不在公共场合惩罚孩子

虽然用吃肥皂作为惩罚是很极端的方式（不过也得佩服我妈的创意），但从这个小故事可以看出来：荷兰父母普遍认为惩罚孩子是教养必要的因素。父母在家会设立"禁止性规矩"，面对违反规矩的行为，若是不加以惩罚，有规矩就跟没规矩一样，甚至会让孩子认为父母不会惩罚"调皮"的行为，他们会渐渐失去对父母的信任，爸妈的话也会失去可信度。

我喜欢看运动类的比赛，在我看来，**父母有一点像家里的裁判，尽量让"球员"自由地玩耍探险，只在违反规矩时插手"比赛"的过程。**

那么，荷兰父母如果是裁判的话，他们怎么插手孩子比赛的过程呢？这也是有SOP（Standard Operating Procedure，标准作业程序）的喔！

Step1　孩子快违反"禁止性规矩"时先警告

其实像我妈看到我咬姐姐，马上就给我红牌的惩罚方式在荷兰算是少见的，大部分的父母看到孩子快要违反"禁止性规矩"时，会先警告他们，给他们"改过自新"的机会。

Step2　一旦违反"禁止性规矩"马上出手惩罚

不过，有时候孩子在闹别扭的时候，怎么警告都没有用，孩子不改正自己的行为，荷兰父母就会出手惩罚，让他们理解不好的行为会有不好的后果。之所以要马上处罚，是怕如果隔太久，孩子可能会忘记被惩罚的理由，甚至觉得被惩罚不公正。为了避免这种情况，荷兰父母看到孩子违反"禁止性规矩"，就会马上惩罚。

注意事项　给孩子留面子，不在公共场合惩罚他

有一点要注意的是，在家里马上惩罚是一个可行的做法，但在公共场合却有一定程度的困难。孩子可能因为在公共场合被惩罚觉得丢脸，所以更生气、更不接受父母的惩罚，双方陷入了意气之争，反而失去教育的机会。此时，为避免在公共场合引起一发不可收拾的亲子冲突，荷兰父母会先跟孩子宣布他将被惩罚，但等回到家之后再执行。

> 荷兰父母这样想

亲子沟通才是惩罚的重点，当下跟孩子说明被惩罚的理由

同样是惩罚，但对许多荷兰的父母而言，惩罚还是一个教育的好机会，让孩子进一步理解什么行为是不对的，也让他知道"禁止性规矩"背后的道理。亲子沟通才是惩罚过程的重点，千万别把重点放在惩罚的行为上。

为了创造沟通的机会，荷兰育儿专家建议父母，在惩罚当下就要跟孩子说清楚被惩罚的原因。像我妈叫我吃肥皂时，就对我说："咬人的行为不对，因为咬人会让对方的身体与心理都受到伤害。"

不过在那当下，因为孩子情绪已经上来了，不是沟通的最好时期，荷兰父母会先让孩子接受惩罚。

荷兰最普遍的惩罚方式有两种：第一种是抽离法（Time-out），让孩子暂时离开现场好好思考自己错在哪里；第二种是限制法，叫孩子回自己的房间，限制他行动的空间，等到孩子比较大的时候父母可能会暂时取消一些权利，例如：今天不能看电视、不能出门踢足球等。

不过，**荷兰父母也会"因地制宜"**，根据具体情况设立惩罚方式，每个错误行为有相对应的惩罚，免得惩罚太重让孩子感觉不公正，也避免惩罚太轻让孩子感觉不到被惩罚。

> 荷兰父母这样做

惩罚过后的亲子沟通3原则

原则1　让孩子反省为何违反规定

孩子冷静下来就是父母教育的好时机,像我那天吃肥皂后,妈妈叫我去房间冷静一下。等我心情平复后,妈妈进来问我:"刚才妈妈处罚你之后,要你回房间冷静思考,想想自己为什么被处罚,那现在你知道你的行为哪里错了吗?"

妈妈的问题有个关键点,她问的是我的"行为"错在哪里,而不是问我这个"人"哪里坏。中国父母在管教孩子时,常会脱口说出:"你怎么都这样?!"这句质疑隐含着对孩子人格的评断,好像孩子天生就不乖。相较之下,荷兰的父母认为行为即使错了,也不代表孩子的人格不好,为避免给孩子不被父母接纳的感觉,要惩罚的是孩子的行为,但要肯定他的"人格"与"天性"。

听到妈妈的问题,我回答:"嗯,知道啊。"

妈妈不满意这个答案,又继续追问:"那你为什么被惩罚呢?"我回答:"因为我咬了姐姐,在家里不能打架……"

"对啊,那你刚才为什么生气咬姐姐呢?"妈妈觉得我已经"懂"被惩罚的理由,就开始问当时的来龙去脉,例如:我的情绪怎么来的?为什么会采取"咬人"的动作?

"姐姐欺负我,让我很生气啊!"我回答。

妈妈说:"不能因为被欺负就咬人啊,你咬姐姐会让她痛,下次你可以选择不回应姐姐啊，可以离开回自己房间玩别的，不一定要继续跟姐姐玩。"

原则2　照顾孩子的情绪，共同思考再碰到类似状况时如何处理

妈妈问这些问题，目的不是要说教，而是要跟我一起反省刚才为何会违反"禁止性规矩"，同时照顾我的情绪，跟我一起思考下次碰到类似状况该如何处理。这其实是要让我进一步了解自己，也要确保我的感情或情绪没有受伤，并提供处理类似问题的方法。

原则3　双方当事人进行沟通

最后，妈妈一定会说一句："刚刚咬姐姐让她那么痛，是不是该跟姐姐说一声'对不起'，让她知道你真的很抱歉呢？"

在两个孩子打架的情况下，荷兰父母一定会分别跟双方进行沟通。因此，五分钟后，姐姐也知道她欺负我让我很生气，知道自己的行为也有错，最后的结果，双方会互相道歉和好。

回想起来，从我们姐弟开始打架到接受惩罚并道歉和好，整个过程真是个大工程，也花了很多时间。但孩子在这样的过程中，了解到自己的行为错在哪里，整件事情也就过去了，不会一直放在心里成为疙瘩。

我相信当天爸爸回家听到我咬姐姐一定也很生气，但我已经受过惩罚，妈妈也和我沟通过我的行为错在哪里，知道妈妈已经处理好，爸爸也就不再追究了。

> 荷兰父母这样想

这4种情况下，动用惩罚是没有意义的

情况1　过度频繁的惩罚，会让惩罚失去意义

虽然荷兰父母普遍认为惩罚是教养的重要手段，也是沟通的关键时机，但他们也认为这个手段越少用到越好。如果惩罚得太频繁，孩子可能习惯被惩罚，久而久之孩子也就觉得被惩罚没什么大不了，如此一来，惩罚也会渐渐失去了它的意义。

情况2　孩子若已知错，应将重点放在反省及防范错误行为上

另外，有时孩子已经知道他的行为是错的，心里也觉得很抱歉，此时再惩罚的意义就不大了。荷兰父母还是会跟孩子沟通，但重点会放在反省为何做出错误行为，以及想办法让孩子避免再犯同样的错误上。

情况3　孩子的不良行为是为了引起父母的注意

有时孩子违反"禁止性规矩"是想引起父母的注意，此时惩罚孩子，反而让他达到了想要的目的。在这种情况下，孩子会觉得违反"禁止性规矩"就是得到父母注意的手段。荷兰父母碰到这种情况时，若发现这些行为没有伤害孩子本身或其他人的安全，通常会忽略孩子的行为，或在违反规矩前以别的方法转移孩子的注意力。

情况4 孩子的行为并没有违反"禁止性规矩"

很多时候，孩子的不良行为并没有违反"禁止性规矩"，只是没有按照"鼓励性规矩"做事。例如吃饭时没吃完碗里的饭，父母可能会生气，"你都没有乖乖吃饭"，但孩子可能只是吃不下，并没有影响到别人，也没因此产生即刻的危险，此时他其实不需要被处罚。在荷兰，父母担任裁判设立规矩，其用意在于让孩子借着这些规矩顺利平安地长大，倘若过度滥用，反而会失去效果。

荷兰父母惩罚孩子的 SOP

Step 1
孩子快违反"禁止性规矩"时先警告

Step 2
违反"禁止性规矩"时马上惩罚

注意事项!
不在公共场合惩罚孩子

惩罚过后的 亲子沟通3原则

原则 1
让孩子反省为何违反规定

惩罚的是"不乖"的行为,但肯定孩子的人格

原则 2
照顾孩子的情绪

共同思考再碰到类似情况如何处理,并确保孩子的情绪没有受到极大影响

原则 3
双方当事人进行沟通

当事人互相道歉和好

父母应该体罚孩子吗？一生只应该动用数次的大绝招

中国父母："为什么经常处罚孩子，他却打都打不怕呢？"

荷兰爸爸的真心话："体罚是父母一生只用几次的大绝招，让孩子了解他的错误严重到父母只能用绝招来惩罚。"

Case 5 捷运上的妈妈用"爱的拍拍"惩罚孩子

有天晚上跟太太搭捷运①时看到一个令人深思的画面。

我们对面坐了一位女士和她大概两岁及五岁的一对子女，一开始只觉得妈妈很伟大，毕竟一个人带两个正值好奇年纪的孩子搭捷运不是件容易的事。不久就看到妈妈教训起女儿，还"拍"了女儿小手几下作为惩罚，但拍得没有很用力，也不算打孩子，女儿看来也不痛的样子。

妈妈边拍打女儿的小手边不耐烦地说："你干吗每次都这样，不要再抢弟弟的玩具了！"

原来是妈妈拿了些玩具给弟弟玩，免得孩子在搭捷运时觉得无聊而

---

① 捷运：即地铁，多为台湾用语，广义上不只指地铁一种公共交通工具。捷运的意图是加快人们在城市中移动的速度。

哭闹，没想到姐姐看到弟弟玩什么都要跟他抢，还硬生生地把玩具从弟弟手上抢走，弟弟当然不开心地大叫起来，这也是为什么妈妈不得不插手用"爱的拍拍"惩罚姐姐，再把玩具从姐姐的手上抢过来还给弟弟。

有趣的是，小女孩的心情似乎没有受到影响，好像还觉得挺好玩的，每次妈妈拍她，还会开心地笑，不断重复跟弟弟抢玩具的游戏。

下捷运后，我跟太太讨论起方才看到的那一幕，若我们的女儿开始想要挑战爸妈为她设立的生活规矩，不把处罚当一回事时该怎么办？难道体罚真是必要之恶吗？

我发现不少我认识的新手父母都曾想过这个问题，许多中国父母都认为，为了维持规矩应该要有惩罚制度，但这种不痛不痒的"爱的拍拍"到底算不算合理的惩罚？

朋友间的答案也不一致，有的父母认为孩子不乖就要接受"爱的拍拍"，有的新手父母则非常反对用任何类似体罚的形式处罚孩子。

> 荷兰父母这样做

体罚是父母一生只用几次的大绝招
——重点在体罚前后的沟通，让孩子了解他的错误严重到父母只能用绝招来惩罚

同荷兰朋友讨论到这个问题，尤其是男性朋友，他们大多会开始说起自己的童年往事，通常是成长过程中做了特别调皮的事情，后果还带有一点严重性，因此被爸妈处以"爱的拍拍"，也就是体罚。

有趣的是，当我问这些朋友觉得自己是不是活该被打，他们通常会回答："是！那天做的事情真的很不应该！"

我想我朋友之所以觉得当天被体罚是自己活该，也是因为荷兰父母把体罚视为必杀大绝招，不到最严重时不会出手，父母通常不是因为无法控制自己的情绪才打孩子，而是理性地先跟孩子说明他们所犯的错误非常严重，所以才动用到最后的绝招。

像我一些朋友之所以被打是因为他们在学校霸凌其他同学，爸妈认为霸凌是非常严重的错误行为，想让孩子体验遭受肢体或言语上的霸凌是多么痛苦的一件事，所以必须接受体罚。当然，因为体罚是少见的惩罚方式，所以在处罚前后父母都会理性地对孩子说明处罚他的原因，让他了解自己真的犯了很严重的错误。

对我这些荷兰朋友而言，在自己的成长过程中，体罚不是一天到晚都会发生的事，但父母一旦使出这个绝招，孩子往往印象深刻，并从中学得教训。

不过，荷兰式体罚与前述捷运上的妈妈半惩罚半开玩笑的方式，两者是截然不同的。在我看来，这位母亲的惩罚方式非常无效，也完全没有教育意义。

惩罚孩子时，家长最常犯的3个错误

捷运上的姐姐不是只捉弄弟弟一次，在我们跟他们搭乘同一班捷运的短短十分钟内，姐姐抢了弟弟的玩具至少四次，每次抢到玩具都被妈妈打手,但每次姐姐的响应都一模一样,满不在乎地笑出来,然后继续她的行为。如果妈妈一开始是想通过"爱的拍拍"来阻止女儿的"不乖"行为,很明显,这样的做法无效!

这位妈妈不断拍打女儿的小手,跟我荷兰朋友十八年来只被打一次很不一样;如果父母像这样不断地惩罚孩子,孩子只会渐渐习惯被惩罚的感觉,久而久之,他会觉得这没什么大不了,惩罚就失去了原来应有的效果。

惩罚之所以无效,原因如下:

错误1　不断惩罚,却没有对孩子说明其行为有何不对

每次处罚,妈妈只单方面地对姐姐命令"不要再抢弟弟的玩具",却没有说明为何抢玩具的行为不对,也没有让姐姐反省自己的行为对别人有什么负面影响,妈妈也无从了解女儿为何有这样没规矩的行为,根本是"三输"的状况。

错误2　不去了解孩子不良行为背后的原因

在我看来,姐姐一直抢弟弟的玩具不是因为她真的想要欺负弟弟,而是想要吸引妈妈的注意,不遵守规矩、欺负弟弟种种行为,对她而言,或许是吸引妈妈注意力最有效的方式。

不去了解姐姐行为背后的原因,怎么能真正地解决问题呢?假使捷运上的妈妈了解女儿其实是想要吸引自己的注意力,她也许可以说:"妈妈知道你很想跟我聊天,但抢弟弟的玩具会让弟弟生气,妈妈也不喜欢,或

许你可以讲一个故事给妈妈和弟弟听？"

倘若姐姐真是出于吸引妈妈注意力的动机而不断调皮捣蛋，那妈妈拍姐姐的手，对她而言真的算是惩罚吗？还是让她证明了自己确实成功地得到了妈妈的关注呢？

错误3　惩罚孩子时大人情绪失控，将成为不良示范

更讽刺的是，妈妈骂完女儿后，从女儿的手中抢过玩具还给儿子，这样的反应不就跟孩子"抢玩具"的行为一模一样吗？当妈妈从家里两个孩子生活中的"裁判"变成与姐姐玩互抢游戏的"队友"，失去了仲裁的角色时，试问她讲的道理孩子怎么还听得进去呢？

短短的捷运十分钟，真是给我上了宝贵的一课，也许这就是旁观者清的道理。下次遇到对孩子讲话不听的情况，试着退一步想想孩子的动机，别一头热地加入情绪失控的行列，这也许可以帮助爸妈们省下不少力气，更有效地处理孩子的行为问题！

> ▶ **荷兰爸爸的教养小提醒**
>
> 孩子不遵守"禁止性规矩"的时候，父母应该用恰当的惩罚方式让孩子了解到遵守规矩的必要性。
>
> 惩罚的目的在于理性地与孩子沟通规矩背后的道理。
>
> 重视惩罚后的沟通，父母可以协助孩子了解负面情绪背后的理由，并一起思考下次遇到类似情况时更佳的处理方式。

你不准当我家的裁判
荷兰父母自有一套坚定的家庭教育原则

中国父母:"他家的教育方法不太妥当,应该找机会劝劝对方。"

荷兰爸爸的真心话:"你不准当我家的裁判,我也不会干涉你家的事务。"

Case 6 外孙女的教育,就算亲外婆也不能插嘴

在有学龄前儿童的荷兰家庭中,父母一定会设立一些"禁止性规矩"与"鼓励性规矩"。每个家庭都有自己的规矩,荷兰这种"自己的孩子自己教"的精神,或许可以从我家的一个小故事谈起。

那天是姐姐女儿的受洗仪式,这个日子对姐姐与姐夫而言很重要,所以全家人都受邀参加,不过不知道为什么,当天牧师准备的演讲内容,除了表达他们教会的价值观之外,也连带批评了不支持他们价值观的人。他使用的例子是荷兰的安乐死政策,牧师说支持安乐死不符合上帝的价值,支持安乐死就算是一种罪。

恰巧这个主题跟我家有关。我妈妈是医生,从小到大她在我心目中

就是一个仁医，年轻时举家到印度尼西亚帮穷人义诊，回到荷兰后，也放弃在高级住宅区赚有钱人的钱，而是选在社经条件与治安较差的移民小区开设诊所，帮助新移民。刚好那个礼拜妈妈帮了一位癌症晚期病人安详离世，妈妈跟我们分享时说，这个病人实在病得太重，已经没有治愈的可能，每天都痛到无法忍受，所以自己决定选择安乐死。身为他的医生，妈妈尊重这个病人真心的意愿，所以决定帮助他。

我相信，安乐死的过程对医生而言并不简单，会受到很多情感上的压力，面临病人的死亡到来，也必须思考生命的意义。妈妈经历了这么困难的一个过程，好不容易周末可以跟家人庆祝家庭新成员的到来，却被一个完全没有医疗背景的牧师批评自己的所作所为是种罪恶，对同是基督徒的妈妈来说，心里应该很难受！

> 荷兰父母这样做

"不当别人家的裁判"，尊重每个家庭对教养的不同看法与理念

回家的路上，我主动跟妈妈聊到这个牧师，妈妈语重心长地说，希望姐姐一家不会受到太大的影响，也希望他们可以让孩子多体验与理解不同的价值观、不同的看法。

我问老妈："妈，你跟姐姐、姐夫讨论过这个话题吗？"

"当然没有啊！"我妈回答，"这是他们家的事情，教养的规矩，姐姐、姐夫要自己决定，我不可能介入别人的家庭，去当他们家的裁判！"

我妈的答案其实非常符合荷兰人对家庭教养的看法。

荷兰人普遍认为：**我家归我家，你家归你家，你不准对我为孩子设立的规矩说三道四，同样地，你要怎么样教你的孩子，也是你家的事。**

我在中国台湾经常听到朋友抱怨公婆（或岳父母），虽然觉得长辈的要求很可笑，却不得不服从，特别是长辈帮忙带孩子时，因为教养的价值观不同，经常引发亲子关系的不愉快。

有时候会觉得，中国台湾地区的小家庭很难为孩子建立独立的价值观，因为孙辈的价值观，是属于整个大家族的事，尤其是跟父母有亲属关系的人，会认为自己也有权利当家里的裁判，这一点跟荷兰是完全相反的。

> 荷兰父母这样想

接受这个社会有不同的价值观存在，是自由与开明的基础

也许，我妈的态度对很多中国台湾地区的人而言，听起来很自私。怎样才能排除他人的想法，让事情只按照自己的想法进行，不去考虑别人的感受呢？

不过在我看来，只要这个规则是双向的，就没什么对错。我可以用这个理由阻止别人介入我家的生活，同样我也没权利介入别人的家庭生活。这条规则不仅规范别人，也规范自己，**无论其他人的价值观跟我的相差多远，我也必须尊重他们，并接受这个社会中有不同价值观的存在。**

这个态度便是荷兰人自由与开明的基础。

"不当别人家的裁判"的原则使得荷兰人保持自由与开明的态度。荷兰人觉得"自由"来自无人有权为你决定生活事务,"开明"则是因为每个人知道自己无权干预他人,所以必须接受个人独一无二的价值观。

 荷兰爸爸的教养小提醒

每个家庭的教养观点不尽相同,荷兰人"不当别人家的裁判",尊重每个家庭对教养不同的看法与不同的理念。

培养孩子独立思考能力的同时,也要教他接受每个人独一无二的价值观。

卡通偶像是所有孩子的共同裁判?

中国父母:"选择有教育性的故事书可以帮助孩子培养品德!"

荷兰爸爸的真心话:"让孩子通过阅读获得娱乐,并学习如何享受精彩的故事。"

Case 7 教导孩子"生活自律"的巧虎大神

巧虎妈妈:"巧虎,爸爸开车带我们出去玩喔!"

巧虎:"耶!要出去玩喔!"

巧虎妈妈:"巧虎,搭车的时候要坐在安全座椅上喔。"

巧虎:"好!我会乖乖坐在安全座椅上。"

巧虎妈妈:"巧虎真乖,妈妈帮你把安全带扣好喔。"

巧虎:"谢谢妈妈。"

巧虎妈妈:"妈妈也把安全带扣好啰!"

巧虎妈妈(开始唱歌):"搭车的时候要坐好,坐在安全座椅上,坐好才安全,搭车出去玩真开心。"

以上的对话及歌词，对于家中有订书的家长来说应该很熟悉。为了女儿中文能力的提高，我们家在她1岁多也开始订阅巧虎故事书，希望可以通过阅读故事书和观看影片，强化女儿对中文的掌握。女儿对巧虎可以说是一见钟情，非常喜欢看巧虎的书，热爱巧虎的玩具跟影片，也超喜欢唱巧虎的歌。

在中国台湾地区，巧虎大神是每个家庭的终极偶像！

我们通常在女儿睡前念故事书，让她做好睡觉的心理准备。她也逐渐养成了习惯，只要爸妈一带她到卧房，翻开故事书，她就知道要准备睡觉了。不过，我跟女儿一起念故事书时，常会觉得巧虎的故事书或多或少反映了作者对教养的态度，无意间透露了隐藏在背后的价值观。

首先，巧虎是一只老虎，但它的行为却跟人类一模一样。上述巧虎跟妈妈的对话，发生在巧虎一家三口要开车出去玩的时候，而其他巧虎"从事"的活动还包括躲猫猫、去动物园玩以及刷牙等。换句话说，巧虎虽然是老虎，却不会做一些老虎会做的事情（譬如追杀斑马），这样说来，巧虎只能说是一个长得很像老虎的人形生物吧。

其次，巧虎这样拟人化的角色和行为，是为了追求一个高层次的教养目的，也就是教孩子什么是"对""好"或"乖"的行为，例如以上的对话要教小朋友在爸妈的车上怎么坐才安全、怎么做才是一个乖宝宝。

车上的行为只是巧虎教的其中一个生活规矩，刷牙巧虎有一套，吃饭巧虎也教你，巧虎还会告诉你怎么跟其他小朋友互动（我会分享，我会玩），可以说在孩子日常生活中碰上的任何事，巧虎都可以教孩子怎么做才可以成为一个乖宝宝。

巧虎在小朋友的世界到处都出现也就算了，但是对我这个阿兜仔而言，更奇妙的是听到台湾的家长也常常用巧虎来教小朋友。去餐厅，常常可以听到隔壁桌传来一句："小朋友，巧虎说吃饭前要先洗手喔！"甚至连在我自己家，巧虎大神也扮演类似的角色，例如要开车或坐公交车时就会听到："小朋友，开车的时候要坐好，坐好才可以跟巧虎一样当乖宝宝喔！"

由此可见，巧虎的故事书与其说是拿来娱乐孩子，让他们享受阅读故事的快乐，倒不如说是父母拿来教育孩子的工具之一。（你不听爸妈的话就算了，巧虎的话总该听吧？）因为巧虎大神在台湾的儿童界与家长团体中非常受欢迎，许多父母也充分利用巧虎来担任家庭教育大师。

巧虎成为全台湾地区儿童界的神，不只台湾的小朋友听它的，就连台湾的家长也服从巧虎，巧虎大神简直是大人孩子通杀的偶像。

荷兰父母这样想

故事书不是教养孩子的工具，而是让他享受阅读乐趣的途径

巧虎在中国台湾的幼儿界很受欢迎，某种程度上也反映出中国台湾家长的价值观与对童书的期待——通过童书教孩子学会规矩。如果所有的故事书都有一个目的，是否也显示了中国台湾地区对于"故事"和"阅读"

的看法？念故事给孩子的重点是否不在于快乐的亲子时间，而在于达到带教条性的教育目的？

荷兰父母因为普遍有"不插手别人家庭事务"的原则，像巧虎这种教孩子生活规矩的童书比较少见，更何况，所有家长对自己小孩"乖""好"和"对"的行为定义与认知多少有些不同，教条式童书一纲一本地强加自己的价值观在别人身上，也难以被荷兰家长接受。我相信许多荷兰父母看到巧虎故事书，心里应该会冒出一个疑问：这只老虎来我家到底要干什么呢？！

因为荷兰父母对童书的期待与要求跟中国台湾的家长不同，荷兰儿童界的老大自然也跟巧虎截然不同。

荷兰儿童界也有大神级的偶像，是一只叫作"Dikkie Dik"的胖猫咪，就称呼它"胖胖猫"吧。我几乎每天也会念一则胖胖猫的故事给女儿听，每一则故事都很短，大概两三分钟就念完了。虽然胖胖猫的故事很短，但都非常精彩。

例如，上个礼拜的故事中有一个是这样的：胖胖猫在家里发现一条长长的蚂蚁路队，她觉得太有趣了，非常好奇蚂蚁到底是从哪来的，于是胖胖猫一路追着蚂蚁路队，看到每只蚂蚁都扛着一块面包爬过路上的水桶，费尽千辛万苦把面包搬回它们的窝。不过因为胖胖猫的鼻子靠蚂蚁太近，所以蚂蚁爬进胖胖猫的鼻孔里，好痒好痒，胖胖猫打了个大喷嚏！

看出胖胖猫故事与巧虎有什么不同了吗？

虽然荷兰的胖胖猫同人类一样会思考和讲话，但它的行为比较

"野",较贴近猫会做的事情。胖胖猫在每一个故事中都会去"探险"。有一则故事是胖胖猫去研究客厅里的钢琴到底是怎么一回事（最后被钢琴的声音吓坏了，掉到了地上）；而胖胖猫在另外一则故事里则是跳到早餐餐桌上看看人类早餐到底吃些什么东西（闻闻鸡蛋、闻闻盐巴、闻闻黑胡椒就打喷嚏了）。

正因为如此，胖胖猫少了些说教的意味。在我看来，胖胖猫的作者并不是要告诉孩子如何当乖宝宝，整则故事的用意就是要单纯地娱乐孩子，用简单的几张图配上几句话，让孩子享受一个精彩的故事。

荷兰另一本很热门的故事书是"Jip en Janneke"（乙乙和丫丫），描述两个四五岁邻家孩子日常的精彩故事。像乙乙认识丫丫那一天，乙乙在家里后院玩，忽然听到隔壁小女孩的声音，乙乙好奇地从树篱的一个小洞看隔壁谁在玩耍，乙乙一蹲下来就看到树篱另一边也蹲着一个小朋友，就是丫丫。两位小朋友互相认识后，便决定一起到丫丫家的后院去玩，乙乙爬过树篱的小洞，但他个子太高，被卡住了，需要两人的爸爸们帮忙才爬得过去。

《胖胖猫》与《乙乙和丫丫》是荷兰幼儿界的偶像，跟巧虎一样反映了荷兰家长的价值观，这种价值观强调孩子可以通过阅读获得乐趣，并学习如何享受一个精彩的故事。这也是我童年的记忆，纯粹地享受玩玩具、踢足球跟看故事书的乐趣，并非每件事都像巧虎一样，背后总有"教育孩子学会新事物"的工具性目的。

荷兰的父母并不想利用孩子对阅读的兴趣教会他行为的对错，也不会在日常生活中用一只拟人化的玩偶来教养孩子、要求孩子建立良好习惯。在他们看来，规矩就是规矩，是生活应该要依循的准则，而不是因为我们要跟巧虎一样才这么做。

由此可知，荷兰父母为孩子挑选故事书的时候，并没有在寻找家里的裁判，在"互不插手别人家事务"的原则下，故事书归故事书，故事书娱乐孩子就好，教养孩子"好""对"或"乖"的行为，应该由父母为之，不用通过儿童偶像。

裁判应该何时出手?
让孩子"学到教训"的放手艺术

中国父母:"父母应该尽量防止孩子犯错,以免他受伤害。"

荷兰爸爸的真心话:"适当让孩子经历错误,他反而更能从经验中学习。"

Case 8 让孩子在0摄氏度穿背心体验寒风刺骨

小时候因为老爸工作的关系,爸妈带6岁大的姐姐、3岁大的哥哥以及几个月大的我举家搬到印度尼西亚日惹住了五年。虽然我在气候寒冷的荷兰出生,但儿时在热带国家的生活经验,还是影响到一些生活的习惯。

翻一翻我小时候的相册,我那会儿天天穿短裤、拖鞋及T恤。根据父母的描述,我那时有一件非常喜爱的无袖背心,上面画了比利时狮子的图案,是当时在日惹比利时社群活动中发放给孩子的。从那天起,比利时背心就成为我最爱的一件衣服,天天都想穿。

如果它脏了,我会拜托宝洁阿姨优先洗好晾干,希望可以赶快再穿上。我自己已经不记得了,但爸妈说宝洁阿姨觉得我这个小家伙的要求很可爱,所以会特别帮忙,优先洗好我最爱的比利时背心,再洗其他衣服。

在印度尼西亚生活五年后，我们全家在一月搬回荷兰，一月是荷兰冬天中最冷的一个月，平均温度5摄氏度左右，在这种寒冬，当然不能像在印度尼西亚那样穿那么少。

回荷兰的第一天，妈妈早上进房问我要穿什么时，我居然说要穿短裤和最爱的比利时背心！妈妈当然说这样不行，外面太冷了，一定要穿毛衣、长裤及袜子。

我一听到不能穿比利时背心就开始发脾气，拒绝穿长裤，也把袜子脱掉，让大人头痛不已。闹了一阵子脾气，爸妈好不容易说服我穿上长裤、袜子与鞋子，但我真的不愿意放弃比利时背心，觉得自己已经配合爸妈穿上裤子、袜子了，上半身一定要穿我最爱的衣服。爸妈最后也就放弃了，让我在接近0摄氏度的天气穿无袖背心出门。

当然，一感受到荷兰冬天冷风的威力，我马上大哭着跑回温暖的屋里，现在回想，当时小小年纪的我实在无法想象荷兰冬天户外到底有多冷，要穿怎样的衣服才能保暖，当然很难接受父母的要求。不过，在体验到荷兰冬天的寒冷之后，我就乖乖接受父母原本的要求，脱掉比利时背心，换上毛衣与厚外套才愿意再出门。

> 荷兰父母这样做

适当让孩子体验错误选择的后果，从经验中学习

这个故事是我们家很精彩的回忆，闲聊时大家常常会提到我最爱的比利时背心，最近女儿对自己的穿着也很有主见，让我想起了这个故事，我

觉得最有趣的部分在于我父母的做法跟许多中国父母的做法大大不同。

台北的冬天到处看得到被大外套、厚裤子包得紧紧的宝宝，要是孩子觉得穿太多太热，父母还不准他脱掉衣服，怕孩子穿得不够暖而被传染感冒病毒，正如很多人说的："有一种冷，叫作妈妈觉得你冷。"

当然，中国父母这样的做法是有理由的，父母觉得天气太冷，设立衣服要穿暖的规定，并坚持孩子一定要遵守规定，无论孩子"自己觉得"多热，也不能脱掉衣服。

我爸妈明明非常清楚我该穿什么好，也规定了我该穿什么，并跟我沟通了他们的要求，为什么我妈最终还是让步，让我决定自己要穿什么？他们为何没有坚持下去呢？

后来我问爸妈为何他们当初会让步，妈妈回答："其实，那时候我和爸爸忙着跟你斗法，家里气氛很紧张，我们也赶着出门，爸妈的注意力都放在你的身上，所以姐姐哥哥都还没准备好。因此我们决定暂时投降，先把注意力转到姐姐哥哥身上，确定他们都准备好了，再回到你的穿着问题。"

"再加上，"妈妈继续说，"你的情绪已经上来了，我们越逼你遵守我们的规定，你的情绪越严重，更不容易解决问题。所以我们决定先不理你，等你的情绪冷静下来，也比较容易跟你讲道理。"

"嗯，这种说法，我能理解。"我说。女儿现在也开始有一些调皮的行为，我们也需要管教她，但她常常因为"被爸妈骂"而有情绪的起伏，当下我们更不容易跟她沟通我们的规定。但等过一阵子女儿的情绪平复下来，通常很好跟她讲道理，让她了解错在哪里，她也会主动为刚才发脾气的事道歉。

"但是,为什么你们还让我出门在外面跑来跑去,天气那么冷,5岁孩子没穿好衣服就出门,这难道不会有害于他的身体健康吗?"我继续问父母。

"你说得没错。不过,有时候孩子不太能理解父母设立规定背后的原因,像你那时因为只接触过热带国家的温度,根本不晓得冷天的感觉是什么啊。"老爸说。

"在你不懂的情况下,你会听不进我们的规定,因为你根本不懂规定背后的道理,所以我们让你体验一下,之后就知道为什么一定要遵守爸妈的规定了!"

荷兰父母这样做

从"比利时背心"事件,看荷兰父母管教拿捏的两大重点

回过头看我爸妈当初怎么处理"比利时背心"事件,我归纳出两个值得学习的重点:

重点1 孩子不懂规定背后的原因,可以给他实际体验的空间

首先,父母可能"为了孩子好"而设立一些他们认为重要的规定,并要求孩子遵守规定,但孩子不见得会理解规定背后的原因,也就是说孩子不一定觉得父母的规定是为了他好。

在这样的情况之下，父母也许可以给孩子一点自由，不一定要坚持到底，但可以给孩子一点空间，让他自己去体会规定背后的道理，体验过的孩子比较能了解为何父母设立了这样的规定，下次再有类似的情况，也会比较好沟通。

重点2　从错误中学习，孩子比较容易遵守父母的规定

再加上，体验到不遵守规则的后果，孩子会开始觉得父母的规定不是没有道理，较容易相信爸妈设立规定的确是为他好，因而更容易遵守父母的规定。

这个故事也告诉我们：父母要懂得放手，提供适当犯错的空间给孩子。如果没有机会体验到自己错误判断的后果，孩子就少了一个学习的机会。缺乏因为错误选择而遭到挫折的经验，孩子又如何学习做对的选择呢？

就像当初我妈若不是咬牙让宝贝儿子吹一下近0摄氏度的冷风，我又怎么学得会选择合适的衣着呢？

荷兰父母这样做

放手让孩子尝试错误时，应注意的两个条件

作为父母，懂得坚持规矩固然重要，但同时也要懂得何时该放手，给孩子犯错的机会，让他通过体验后果而学习，其中收与放的拿捏，正是为人父母最应该学会的管教艺术。

不过什么时候该管教孩子，什么时候该放手让他体验自己选择的后果，也是荷兰父母教养方面最头痛的问题之一。在我看来，放手的条件有两个：

条件1　"犯规"时孩子的安全不会受到影响

爸妈当天没有要求我一定要穿毛衣外套出门，大概也是因为他们觉得我穿无袖接触到冷风不会有太大的负面后果（当然，他们不会让我一整天受冻）。但是在我们家，孩子不能进厨房就是绝对不能违反的规定，因为厨房有太多危险的物品，譬如火、清洁用品等，孩子接触到恐怕会受伤。

条件2　父母必须先准备好备案

一旦孩子已经了解犯规的后果，爸妈就要适可而止。如果我当天真的坚持只穿无袖出门，爸妈就会准备一套毛衣和我的外套，万一在外头走了十分钟后我才感觉冷，事先准备好的温暖衣服便可解决当下的问题。父母的经验比孩子多，可以事先准备孩子之后会需要的东西，放手是为了让孩子体验，而不是惩罚。

当然，随着情况不同，父母可以有不同做法，但家家有本难念的经，何时可以不那么坚持，何时又该必须坚持原则，绝对是不分国籍、种族的所有父母的难题。

荷兰爸爸的教养小提醒

虽然父母设立生活中的规矩是为孩子好,但有时给孩子一点自由与空间违反规矩,更能让他从错误中学习。

父母放手让孩子体验错误选择,必须确定不会因此影响孩子或他人的安全,也要事先准备好备案。

【专栏】
旅行中,孩子不是对手,而是"队友"

这个暑假我完成了一个"壮举",一个人带3岁的女儿与6个月大的儿子搭飞机回了荷兰。

回中国台湾时,在机场遇见了一个台湾旅行团,一边排队一边就跟他们团长聊起来了。

团长说:"你一个人带两个小孩搭飞机吗?要是我自己单独带我们家调皮小孩搭机,那肯定是没办法的!"

团长的说法和许多中国父母很类似,爸爸或妈妈带一个小孩出门还好,因为是"一打一",大人还可以hold住场面,但如果要带两个小孩出门,那就是不得了的大事了,"一打二"简直比世界末日还惨。

在荷兰,大人带两个小孩出门不是"一打二",而是"一配二"

有趣的是,我许多荷兰朋友听到我带着孩子们搭飞机回荷兰,反应很不一样。回中国台湾前几天,我和一个好朋友聊到这件事,他一听就说:"没关系啦,十三个小时虽然听起来很长,但只要坐下来,飞机总有飞到的一天，牙一咬就过了。"荷兰亲友们听到我自己带孩子回来，也都没什么特别的反应。

中国父母用"一打二"的说法，把带孩子当作一场战争，认为孩子无法控制，需要大人一直注意走失和危险的情况，要是调皮捣蛋，大人还得处罚责骂。不过对荷兰家长而言，"带小孩子出门"是大人跟小孩要一起完成的事情，家长与孩子不是对手，而是队友，爸妈帮孩子的忙，孩子也帮爸妈的忙，荷兰家长也不会用"一打二"的说法，而是比较倾向"一配二"的看法。

爸妈事先沟通好期待和要求，孩子的表现可以超乎预期

像这次搭飞机，我们也是请老大帮忙照顾弟弟，搭飞机时父母最怕孩子狂哭，影响到别的乘客，所以我太太提前一两个礼拜就跟女儿说："下礼拜要搭飞机到荷兰探望爷爷奶奶，路程很久哦。因为妈妈要上班，所以只有爸爸一个人带你与弟弟。弟弟还这么小，爸爸需要照顾他，可能没时间照顾你，你OK吗？"

女儿回应："OK。"

妈妈继续说："那么，搭飞机时，如果爸爸忙着照顾弟弟，没办法第一时间回应你的需求，你不要哭哦，就跟爸爸说你有问题，需要爸爸帮忙处理，但不要哭着讲！妈妈没办法一起去，照顾爸爸跟弟弟的工作，就交给你啰！"

"好，我知道了。"

妈妈每天跟女儿不断重复上述步骤，确定孩子已经了解即将面对的情况。因为是第一次，我们夫妻二人都有点紧张，说真的，我没想到女儿真的被妈妈洗脑成功了！

飞机起飞没多久，我就遇上了第一场危机，我们家弟弟拉肚子。我需要帮弟弟换尿片和裤子，但飞机上的厕所太小，无法带两个小孩一起去，考虑到飞机是个完全封闭的空间，不会有走失的问题，我就跟老大说："爸爸要带弟弟换尿片，你坐在位子上，发生问题的时候，不要哭哦，爸爸很快就会来帮你！"

女儿点点头。

回来时看到女儿没坐在位子上，我吓了一跳，定睛一瞧，才发现女儿坐在地上，忍着眼泪冷静地跟我说："我刚喝水打翻了，裤子、袜子都湿了，请爸爸帮我换衣服！"

要是在平常，发生打翻水弄湿衣服这种事，女儿应该早就大哭了，但是因为已经答应妈妈，知道在飞机上不能哭，她就真的努力忍耐，等到爸爸回来帮她解决问题！

对于女儿的表现，我既感动又骄傲。

在我们家，我们不把孩子当对手，而是把孩子当队友，只要父母提早跟孩子预告，讲明对他的期待与要求，孩子的表现真的可以超乎我们的预期。

Part 2

小学～初中

"家庭教育"
让孩子实习如何当大人

孩子度过靠父母建立规矩的年纪后，
渐渐地会接触到许多大人天天需要处理的事情，
在父母的从旁指导之下，培养经济与独立思考的能力，
为了"转大人"而做准备。

从洗碗、打扫、煮饭开始实习当大人

中国父母："孩子只要专心课业就好，别让家务影响他的学习。"

荷兰爸爸的真心话："从小让孩子负担部分家务，培养他生活自理的能力。"

Case 9 大学毕业了还不会煮饭

很多亚洲学生喜欢在大学毕业后申请外国的研究所，中国台湾的年轻人特别喜欢去美国深造，我在台大念书时，便有许多同学申请上美国的研究所。在欢送同学的聚餐中，除了问何时出国、行李打包好没之外，同学通常会问一个令我非常疑惑的问题：

"要出国一个人过生活啰，你会不会煮饭啊？千万别饿死自己啊！"

这个问题之所以令我疑惑，是因为在荷兰我身边的朋友都是从初中、高中就开始帮忙煮饭，念大学时搬出去住后，因为外食实在太贵，所以大家多多少少都有几样自己的拿手菜。因此，我自然很意外，在中国台湾怎么那么多成年人连煮个饭都不会。

> 荷兰父母这样做

教出不依赖父母、能独立面对生活挑战的成人

煮饭对中国学生来说之所以是件难事,大概是因为中国父母只要求孩子把书念好,认为做家务只会让孩子分心,长此以往,很多年轻人连帮忙的机会都没有,更别说煮一桌饭菜。

我太太有个朋友,她三十出头结婚,跟老公共筑爱的小窝。有一次我们到她家作客,带了一些文旦①打算一起享用,没想到那个朋友居然两手一摊说:"我才刚搬离我父母家,目前还在学习如何切一些简单的水果,文旦难度太高了,你们帮帮忙吧。"

这个朋友从小跟父母同住,在家父母总是强调念书或工作最重要,爸妈基于疼爱女儿的心,总是抢着把家务拿去做,结果女儿婚后,每天吃饭时间夫妻俩总是面面相觑,不知该如何是好。

中国的父母可能认为成绩最重要,所以才一手包揽了所有家务,却没想到要督促孩子养成做家务的习惯,让他们学会如何照顾自己。

"孩子早晚有一天一定会离开你,要是没有教他们怎么做家务,到时候他们该怎么办?"

我父母常常提到,虽然是他们把我带到这个世上来的,却不代表我们一辈子都会维持"家长照顾孩子"的关系,一旦我成年了,就得离开他们自立自强。

也许其他荷兰父母不会像我爸妈,那么直接要求孩子成年后离家,

---

① 文旦:柚子的一个良种,浙江、福建一带的人把柚子叫作文旦。

但这种原则在荷兰其实很常见，孩子也都接受父母的要求。还记得我中学（六年制）快毕业时，所有同学都很兴奋，因为只要再等几个月就可以离开父母的"监控"，步入大学开始新的自由生活，开始属于自己的人生。

荷兰父母这种逼孩子离家的做法听起来似乎有点伤感情，但在我看来，这种做法其实也是提醒父母，从小就要训练孩子，帮他们打下良好的人生基础。孩子早晚会离开，父母得确定他离家后，能够在经济与思想上都达到独立自主。换句话说，荷兰**父母养育孩子的目的，是为这个社会培养独立自主的成员**，教出不依赖父母、能独自面对生活挑战的成人。

不过，要孩子成为独立的社会成员，并不是一件信手捻来的事，就像田径选手在踏上跑道前，也要花上跟比赛一样长的时间来热身。在荷兰，家庭教育就是每个孩子踏上人生跑道前的热身准备。

> 荷兰父母这样做

让孩子从做家务的过程中，实习当大人

当然，让孩子自立可不是说说而已，回顾爸妈养育我的过程，可以看出他们一直在培养孩子的独立精神，让我们学习如何在没有原生家庭的保护下，仍能好好生活，而独立的训练就从做家务开始。

打从我念幼儿园开始，父母就会要求我在大人洗碗后，拿抹布帮忙把碗擦干，再放回柜子里，那时我只有四五岁，碗盘对我来说算是满重的，虽然爸妈不会让我擦最重或昂贵的碗盘，但我还是常常不小心把碗盘摔破，但这些损失被我爸妈视为教育成本。因为，要是担心打破碗，孩子就

永远学不会洗碗。

升入小学一年级后,我的家务任务也升级了,我不再只是帮忙擦碗的小弟,也可以开始洗碗盘。爸妈生了三个孩子,每天有两个孩子轮流帮忙洗碗和擦干碗盘,父母吃完饭不用整理厨房,他们也轻松多了!

当然,孩子都不喜欢做家务,吃完饭我总只想去玩乐高,一点也不想帮忙做家务,常为了不想洗碗与父母闹脾气。每次我闹脾气时,爸妈都会强调我们是一家人,大家同住一个屋檐下,不论大人小孩都有责任帮忙维持一个干净、舒服的生活环境。

爸妈之所以这样说,是因为他们觉得每个家庭总有一些任务要完成,例如:需要赚足够的钱养家,需要保护与照顾每一个成员,而每一个成员也需要对这个家有所贡献。考虑到孩子年纪还小,无法出去赚钱,那最简单又公平的贡献方式就是做家务,**不论家庭成员的性别和年纪,都必须帮忙负担部分家务。**

我爸妈两人都对家里的经济基础有所贡献,妈妈在我小时候兼职工作,工时比爸爸短,相对地,她就负担较多家务,花费较多时间在照顾孩子、煮饭、整理家具上。但爸爸也不是工作完回到家就没事了,他同样要帮忙洗、熨衣服和吸地板。

虽然看起来有点"男主外、女主内"的感觉,但有趣的是,当我们三个孩子都成年离家后,反倒变成"女主外、男主内",妈妈花较多时间在工作上,而半退休的爸爸则乐于担任家庭主夫。

> 荷兰父母这样做

通过各种家务，让孩子逐步掌握"当家"与"持家"的本领

在家中人人都有分工的原则之下，除了爸妈有所贡献，姐姐、哥哥和我也需要付出自己的一份心力，每次和父母吵架不想洗碗时，我都无法推翻爸妈的原则，他们不会因为我闹脚气而心软，我这个洗碗小弟总是抗争失败。

直到我10岁的某一天，爸妈忽然想跟我"谈一谈"。"你不需要再洗碗了。"我妈说。我听到当然很开心，以为我的长期抗争终于见效了。

"但你必须做其他家务，"爸爸接着说，"你自己选，要么继续帮忙洗碗，但不能再抱怨或发脾气，要么帮忙做其他家务，像洗厕所、吸地板、帮忙叠衣服等。"

有了这个选择，从那天开始，讨厌洗碗的我就改为帮忙洗厕所、吸地板、洗衣服、叠衣服。

开始帮忙做不一样的家务，也是新的学习体验，记得我第一次帮忙吸地板，忽略了客厅某个角落，妈妈便很有耐心地向我说明吸地板的小诀窍："客厅电视、沙发跟餐桌的角落常被忽略，但这是我们生活的空间，一定要吸干净，请你拿出吸尘器再把这个区域吸一次。"

在这样的练习下，我慢慢掌握了各种家务的技巧，熟能生巧地成为我家的吸地达人。

我爸妈很聪明，这样不只解决了我们因为洗碗闹得不愉快的问题，也

扩大了我练习做家务的范围，让我更熟悉维持一个家庭需要做什么样的家务，以及这些家务该怎么做才能做好。

等我年纪再大一点，大概小学六年级时，爸妈开始要求我去买菜，也要求我帮忙煮饭，从简单的切蔬菜、水果、肉开始，到帮忙煮米饭、马铃薯、意大利面等，渐渐地学习到一些食谱上才有的高级菜色，等上了初中，我已经可以一手包办全家的晚餐了。

在荷兰，让孩子帮忙做家务是很理所当然的，我许多荷兰朋友都是从幼儿园或小学一年级开始帮忙做家务的，一开始先从简单的做起，随着孩子成长，父母会要求他们做更多家务。

荷兰父母在分配家务时，主要会根据孩子肢体协调性的发展程度而确定家务类型。当然啦，一开始孩子肯定越帮越忙，但在父母耐心的指导之下，孩子的能力往往总是超乎我们的想象。

虽然做家务会减少念书的时间，但通过做家务，每个孩子都能学习如何维持家庭运作，也能培养责任感。除了学习怎么"当家"，荷兰父母也希望通过家务练习，让孩子练习怎么维持良好的生活环境。

在我看来，这个在家里学到的"生活课程"，比学校给的功课来得实在重要太多了。

荷兰爸爸的教养小提醒

做家务不仅能培养孩子的自理能力,也能培养孩子的责任感。

荷兰孩子普遍从小学一年级开始帮忙做家务,维持干净舒适的家庭环境,家里的成员人人有责。

虽然很多荷兰父母从洗碗开始要求孩子帮忙做家务,但任何家务只要孩子的能力许可,都可以请他帮忙做。

例如:四五岁→帮忙擦拭碗盘,把碗盘收回柜子

小学→洗碗盘、洗厕所、吸地板、洗衣服、叠衣服

初中→买菜、煮饭

高中→打工赚自己的零用钱

教育孩子养成正确的金钱价值观

中国父母:"打工会影响课业,学生时代还是专心读书吧!"

荷兰爸爸的真心话:"资源有限欲望无穷,自己赚钱才能懂得规划与节制。"

Case 10 孩子高中毕业环游世界,父母不出任何一毛钱

"老爸老妈,我中学毕业后不想直接去上大学,我想先去流浪一阵子,看看这个世界。"

"好啊,但我们不会帮你出一毛钱的!"这是我父母对16岁的我说的话,当时,我才是个中学五年级(相当于高二)的学生,那时我已经很清楚毕业后不想直接去念大学,便跟父母说明毕业后想先出国旅游一阵子,再回荷兰念大学。

我研究了一阵子世界地图,决定了这次壮游的目的地。亚洲地大物博,旅游方式多元化,所以我决定来中国看一看。经过仔细研究,我发现一条很有趣的旅游路线,也就是从荷兰乌特列支火车站出发,搭乘火车经过德国、丹麦、瑞典、芬兰、俄罗斯、蒙古,一路横越欧亚大陆到北京。

16岁的我跟爸妈提出这个想法,本以为他们一定会觉得我野心太大而

投反对票，没想到他们眉头皱也没皱，只说了一句话：

"只要你能自己搞定旅费，想去就去吧！"事后我回想，姐姐16岁就离家去英国念高中，哥哥大学一年级时也去拉丁美洲旅游了好几个月，爸妈当时听到我的计划之所以不吃惊，应该是认为这是一个教育我的好机会吧！

不过爸妈要我自己赚旅费，倒是令人挺头大的，还好，从小他们就通过各种方式让我学习财务管理。

荷兰父母这样做

孩子的第一堂理财课：学习规划零用钱
——让孩子明白不是所有"想要"的东西都得买，必须做出取舍

对荷兰父母来说，要把孩子培养成一个经济独立的社会成员，必须建立对金钱价值与财务管理的概念，我的"理财课"其实同其他荷兰小朋友一样很早就开始了，小学时爸妈定期给我一点零用钱，让我自己决定如何花。小学一年级的我很迷足球，跟许多荷兰小男生一样，把零用钱拿去买足球运动员的贴纸，所有荷兰职业足球运动员都有自己的专属贴纸，集满大约需要五百张，除此之外，还得买一本贴纸簿收藏所有贴纸。

贴纸簿算是便宜的，但一包足球运动员贴纸只有七张，却卖得很贵，贵到小学生存一个礼拜的零用钱都买不起。我试着用各种方法让爸妈帮我"加薪"，但都失败了，爸妈认为**孩子一定要理解金钱是有限的资源，花完就没了，因此他们很少给我"加薪"，也不太给我额外的钱来满足物质**

上的欲望。在这样的政策之下,我最后只好跟哥哥讨论,两人合买球员贴纸。

到了中学一年级,爸妈跟许多荷兰父母一样,不只给我零用钱,还说:"岱思,上了中学,你要学习照顾自己,我们现在每个月给你一笔钱,你自己负责买你需要的衣服,但你要规划好,一些比较大的支出,像买冬天的厚外套或鞋子,就得靠你平常节省下来的存款满足,我们是不会另外买给你的,所以一定要好好计划!"

从那时起,我便培养出对服饰市场行情的敏感度,也渐渐发现,一些我觉得好看的衣服实在太贵,远超过我的预算,碰到这种情况,要么放弃买这件衣服,要么就慢慢存钱到买得起为止。

通过对零用钱及"服装费"的规划,爸妈让我学习到一笔钱只能用在一个地方,用完就没了,需要好好选择并规划到底把钱花在什么地方。

> 荷兰父母这样做

自己想花的钱自己赚:通过打工了解赚钱不容易

当然,资源有限欲望无穷,当我发现爸妈给的钱买不起我想买的东西时,也会争取"加薪",但他们总是坚持不增加零用钱,老爸甚至摊牌说:"我已经算过你大概需要多少钱生活了,做父母的只负责满足你的基本生活需求,如果还有物质的欲望,你就得自己想办法!"

所以大概15岁的时候,我就开始了打工生活。年轻人打工在荷兰是一个很普遍的现象。根据荷兰国家家庭预算基金会(Nibud)2016年的研究,接近一半的中学生利用课余时间打工，平均每个礼拜打工超过七个小时，一个月赚的薪水大概是一百三十欧元（大约人民币一千零三十元）。最常见的打工是送报纸、在餐厅当服务生、当厨房小弟、帮忙看孩子、在超市工作、当店员或家教。

我的打工经验跟许多荷兰年轻人一样非常丰富多元，一开始我利用暑假在温室工作，照顾花花草草，夏天本来就热，温室的温度又比外面高，为了让自己好过些，每天都得在早上七点前上工，这样下午一两点就可以下班了，即便如此还是经常弄得满身大汗，全身也脏兮兮的。

后来觉得只有暑假打工不够，我就开始送早报，因为荷兰人习惯在吃早餐时看报纸，所以我必须在早上七点前送完所有报纸。每天五点半天还没亮，我就得骑脚踏车挨家挨户地送报纸，在一个半小时内送完七十份报纸，夏天尚可说是舒适惬意，到了秋冬下雨下雪时，可真让人苦不堪言。

除了上述这几种劳力密集的工作，我也曾在快餐餐厅当过外场、在博物馆当过导览人员、在别人家里帮忙照顾过孩子。对我而言，打工也是学习金钱价值的方式之一，打工很花时间，赚的钱又少，**对青少年而言，为了满足自己物质欲望而赚取血汗钱的经验，可以让他们知道赚钱的不易。**

荷兰父母这样做

进阶版的理财学习：让孩子自己规划旅游
——了解金钱"真正"的意义，明白为达目标必须放弃一些其他事

除了青少年时期这么刻苦学习理财，我的壮游之旅在爸妈眼中更是千载难逢的机会，可以让我好好上一堂进阶版理财课。

出国旅行半年的钱，对一个16岁的中学生而言可是一大笔数字，不是打几个礼拜工就可以赚到的。为了存到那笔旅游经费，我需要长期规划并调整日常收支。在我规划的过程中，爸妈没有特别帮忙，而是放手让我自己找资料。自己查火车票的价格，估算在中国一天的食宿及旅游费用，算出了我需要存多少钱之后，就得控制日常生活费用的预算，要是每天都超支，我就永远存不到旅游经费了。

为了控制开支，我也得做出牺牲。还记得我朋友毕业旅行是去西班牙度假两个礼拜，这笔费用大大超过我的预算，所以我就没有去。在那两个礼拜，我没有一天不羡慕我的朋友，但我也很清楚为了达成去中国旅游这个大目标，我必须放弃毕业旅行。

除了节流，我也得开源。当时我打工的快餐餐厅老板知道我的旅游计划后，主动提出愿意让我在他餐厅担任全职员工，好让我早点赚到旅费。因为在餐厅打了一年工，我对工作内容已经很熟悉了，老板还愿意加薪，从此那家餐厅就变成了我赚钱的基地。后来跟太太异地恋时，也是靠这家餐厅赚到我每年飞往台湾的机票钱，现在想来老板真是我的贵人。

后来老板基于对我的信任，在我出发前一个月出国度假去了，让我担任代理店长，他将餐厅完全交给我来经营，排班表、订食材、会计结账由我一手包办，这个当小老板的实习经验让我收获满满，当时我的同学与朋友中，没有几个人有这样的管理经验。也是因为有了这方面的经验，我搬到台湾后，偶尔还会想，万一我现在的工作混不下去，凭着以前的经验，说不定还能开一家"荷兰爸爸快餐餐厅"呢！

"自己的旅费自己赚"这门财务课程让我了解到，钱只是帮助达到目标的手段。为了去中国旅行，我必须先存好足够的钱，但钱如果放在那边不动，就只是银行里的数字或一堆纸，一点用途都没有。换句话说，我学到了：没有目标，钱就失去了意义，定了目标，钱才有价值。

这一连串的财务管理课对我的人生影响深远，从规划零用钱、打工，到为了一生一次的壮游而开源节流，我不只学到怎么做个人简单的经济计划，还了解到金钱"真正"的意义，并学习到为了达到目标必须放弃一些其他事。

荷兰父母通过金钱价值与财务管理的课程，让孩子从有限的零用钱与服装费了解到父母不是银行，钱总有花完的一天。鼓励中学生去打工赚血汗钱，可以让孩子了解赚钱不容易，更为他上了一堂人生理财课。

不过这一切都比不上这趟旅程为我带来的收获，在这趟旅程中，我发现自己对学习中文的兴趣，回荷兰后也持续上中文课，又争取了到中国台湾当交换生学中文的机会，后面的故事你们也知道了。

现在想想，生命总是会为我们做出最好的安排，我就这样从一个做流浪梦的中学生、餐厅的工读生，慢慢地成为中国台湾地区的女婿和荷兰爸爸了！

> **荷兰爸爸的教养小提醒**
>
> 孩子必须学习金钱的价值以及培养财务观念。
>
> 荷兰父母会引导孩子建立正确的金钱观:
>
> 例如:小学领零用钱
>
> 　　　初中自己规划服装费
>
> 　　　高中打工赚自己想要的额外支出
>
> 理财教育让孩子了解到金钱"真正"的意义,懂得如何有计划地实现目标。

渐进式的放手教育
培养孩子的独立性与主动性

中国父母:"你不能出去探险,除非这次考试得前三名。"

荷兰爸爸的真心话:"你可以出去探险,但我要确认你都准备好了。"

Case 11 初中生想和朋友去跨年,父母该允许吗?

我们家附近因为看得到101烟火,跨年时街头满满都是二十几岁的年轻人,我们对这种跨年狂欢气氛已经无感,但有一年对我们家来说还是比较特别的,因为我们家的下一代中,终于出现第一个提出要去跨年的成员,就是我太太的大外甥。

这个外甥是我太太家族的第一个孩子,那年15岁,功课好,也很优秀,年前跟妈妈提出想和几位好朋友去外面跨年,他妈妈(也就是我太太的大姐)紧张得要命,觉得三更半夜还在外面很危险,一方面担心跨年人潮多,另一方面担心捷运站容易发生推挤意外。但担心归担心,当妈妈的也很能理解初中生想和同学一起倒数跨年的心愿,因此陷入了两难。

焦虑半天后,大姐向两个妹妹征询,到底该不该同意宝贝儿子自己去外面跨年。也许是两个妹妹比较年轻,距离"疯跨年"的年纪还没有很远，觉得台北市已经有办跨年晚会的丰富经验，其实没有想象中的那么危险，与其一直白白担心，不如教儿子碰到危险的情况应该怎么处理，例如遇到推挤该怎么保护自己等。在两个阿姨的支持下，外甥总算是如愿以偿。

我很佩服大姐在面对抉择的难题时，愿意向妹妹寻求意见，并接受不同的意见。相信这对她还有儿子来说，都是一个很特别的体验。

> 荷兰父母这样做

家有追求自由的青少年，父母原则上会允许孩子去探险

——让孩子放胆去试，父母从旁辅导，确认孩子是否做好准备

差不多同样时间，我姐姐告诉我，她们家的老二今年冬天也有个类似的探险活动。

荷兰中学在圣诞节及跨年期间会放两个礼拜的假，许多公司也会配合这个假期举办优惠活动，像荷兰铁路局在寒假时就提供团体优惠，吸引亲朋好友互访或前往外地度假。

我的外甥女今年14岁，功课相当不错，是个聪明伶俐的少女，她看到铁路局的优惠，就想把握机会跟朋友去荷兰首都阿姆斯特丹大采购。

姐姐家住在荷兰南部大城的郊区，距离阿姆斯特丹并不近，搭火车需要近三个小时。在不少人眼中，阿姆斯特丹这个城市口碑很差，小偷很多，除了钱包容易被偷，阿姆斯特丹的酒、大麻及性产业都很泛滥，外甥

女自己赴阿姆斯特丹一日旅游,要是真的出了什么事,爸妈又在非常遥远的地方,无法第一时间赶到,听起来满危险的吧!

那么,我姐姐是怎么处理的呢?

"老实说,我根本不知道铁路局有这个优惠,这还是我女儿自己找到的信息,两个人去总共25欧元,一个人来回才12.5欧元(约人民币99元),她能找到这个划算的方案,也蛮厉害的!加上她们去阿姆斯特丹玩,行程、交通都要规划,应该可以从中学到不少,作为她的母亲,我应该鼓励她独立学习的行动,虽然心里会担心,但还是答应了。"

姐姐之所以让外甥女去阿姆斯特丹探险,是因为她也认为女儿在平常生活中很有责任感,不仅功课不太需要爸妈三催四请,也常帮忙做家务。女儿若是能主动自发照顾自己的生活,相信她在外面碰到意外情况,也能做出正确的选择,有能力自己解决碰到的问题,因此不太担心女儿无法克服可能遇到的困难。

面对家有追求自由的青少年,多数荷兰父母采用这样的原则:**为了培养独立的孩子,鼓励他找到属于自己的路和兴趣,就算过程中有点风险,还是让他放胆试试,父母顶多从旁辅导,确认他真的准备好了。**

荷兰父母原则上会允许孩子去探险,因为他们希望启动一种正向循环,让孩子体验他感兴趣的活动,若是喜欢,便可以更积极地参与,更深入了解自己的兴趣;万一试过后觉得不喜欢也没关系,可以再找别的嗜好。

通过这样的过程,孩子可以慢慢找出他真正感兴趣的事情,在追寻的过程中,也学到了规划的能力,并对自己人生的方向负责。

> 荷兰父母这样做

培养孩子独立的秘诀：放手不放任，让他在父母可掌控的范围内探险

荷兰父母的态度和许多中国父母刚好相反，中国父母认为孩子要先满足一些条件（例如功课要够好，月考要前三名）才可以去探险，这就是中国父母所谓"**不行……，除非……**"的态度，大原则是先拒绝孩子的要求，再设下比较高的门槛。

在荷兰，父母基本上认为青少年应该多去探险，只在一些特例的情况下，父母才会反对，这便是荷兰父母"**可以……，但是……**"的态度。然而，**荷兰的父母并不是答应了就不管事，对于孩子的计划，父母会先思考可能遇到的困难有哪些，孩子是否有办法自己解决这些问题**，因此荷兰父母采用"**可以……，但是……**"的框架来确认孩子是否准备好。

以我姐姐为例，当她听到外甥女想搭火车赴阿姆斯特丹，第一个想法可能是"但女儿有办法自己搭火车安全地来回阿姆斯特丹一趟吗"，外甥女已经很有搭火车的经验，也知道如何"转车"或搭错车该怎么处理。

相对地，姐姐8岁的儿子没有搭火车的经验，姐姐可能会问他："但是，你要是需要转车，怎么知道你转到对的车厢呢？"因此，姐姐可能不会允许儿子自己搭火车出游。

此外，姐姐可能还会担心："我相信我女儿，但跟她一起去玩的朋友，是否会带坏她？"不过，我姐认识外甥女同行的友人，还说："跟女儿一起去阿姆斯特丹的朋友，是一个很认真也很友善的女孩，不是什么坏

朋友，两个人去应该会玩得很开心。"

姐姐也思考了在阿姆斯特丹可能会发生的问题，便问女儿："你可以去阿姆斯特丹，但是万一你钱包被偷了，怎么办呢？"

外甥女想了一下，就说："我当然会注意钱包，但倒是没想过如果被偷了要怎么处理。"

姐姐告诉她："你可以先打电话给银行，跟他们说钱包被偷了要停卡，确定你户头里的钱不会被偷偷领走；至于现金，可以部分放在钱包，部分放在其他地方，万一钱包被偷，也不会完全没钱可用；另外要是车票不见了，可以先请朋友帮你买，之后再还钱给她。"

也就是说，姐姐用"可以……，但是……"的态度，预想外甥女在想要探险的活动中可能会碰上什么困难，若发现有一些事情女儿还没想清楚，就可以详细跟她说明，万一发生这样的问题该怎么处理。

确认女儿已经准备好应付所有可能会发生的状况后，姐姐继续说："万一你真的碰到无法解决的问题，阿姆斯特丹离我们家也没有远到哪里去，你可以打电话给我，我还是可以开车去接你，不过我也很忙，不要随便打给我！"

"棘手的情况也是学习的机会，譬如钱包被偷了当然很麻烦，但有了这样的经验，下次应该会更小心，避免再发生这样的惨事。"姐姐如是说。

这显示当妈妈的已经先考虑了所有可能发生的状况，最糟的情况也在姐姐的掌握之中，整件事听起来像是当妈的完全放手，其实是几经思虑，经过评估后才做出的决定。荷兰父母认为培养孩子独立与主动的秘诀，就是让他们在父母可以掌控的范围内探险,随着孩子探险的范围逐渐扩大,父母也会渐进式地放手,这就是荷兰青少年"转大人"的方式。

其实,孩子的准备往往比大人想象的还要充分,毕竟过去十几年来,父母已经用身教、言教告诉他们如何趋吉避凶照顾自己。当孩子提出向外探险的要求,爸妈除了要好好教育他们学习保护自己,更重要的,就是懂得放手,让孩子从实际的体验中学习成长。

  荷兰爸爸的教养小提醒

孩子通过探险累积而来的生活经验,是成长过程中非常重要的部分。

荷兰父母会在他们能掌控的范围内逐渐扩大孩子探险的空间。

采用"可以……,但是……"的框架允许孩子去探险。

父母会针对他们担心的层面,公开地跟孩子讨论,确定孩子是否知道碰到问题该怎么处理,即使孩子不知该怎么做,也可以借此机会对其进行教育。

人际关系（一）兄弟姐妹之间的平等关系
"听话"的孩子才是好孩子吗？

中国父母："小的应该听大的，让年纪大的哥哥姐姐做主。"
荷兰爸爸的真心话："兄弟姐妹是平等的，自己做的决定，自己负责。"

Case 12 为什么荷兰人不鼓励妹妹听姐姐的话？

"你今天跟妹妹玩了一天，妹妹有没有听你这个小姐姐的话啊？"

这里的"小姐姐"是指我太太的外甥女，她刚跟我女儿玩了一整天。我太太有两个姐姐，周末大家经常携家带眷聚在一起，一群孩子玩起来常常疯到旁边大人都快耳聋。这让我想起自己跟表兄弟姐妹也是从小一起玩到大，成年后也都保持密切的互动，我当然希望女儿未来也有这样美好的童年回忆及家庭关系，所以我很喜欢看这些小朋友玩在一块儿的样子，或多或少也让我回味自己的童年生活。

不过，当我外甥女的妈妈问她，妹妹是否有乖乖听话时，我却觉得有些疑惑。为什么"妹妹"要听"姐姐"的话呢？我家有三个兄弟姐妹，我是最小的，却从来没有谁要听谁的话的问题。

> 荷兰父母这样想

兄弟姐妹的关系是平等的，自己的决定自己负责

记得我大概10岁左右的一天晚上，爸妈吃完晚餐后要出门拜访邻居，他们让哥哥和我两人留在家里，还要求我们一起洗碗。不过我父母出门时并没有要求我乖乖听哥哥的话，也没有因为哥哥比较大而要求他负起照顾我的责任，爸妈把哥哥和我看成平等关系的手足，希望我们可以合作完成他们交给我们的任务。

不过，10岁的弟弟和13岁的哥哥，玩的时候虽然开心，吵起架来也是惊天动地。那天晚上也不例外，我们洗碗时开始吵架，吵得可凶呢，两个互相尖叫了一阵，后来我实在气到受不了，摔门离开厨房。

门一摔下去我就知道惨了，哐啷一声，我打破了家里一个很有纪念意义的花瓶。哥哥听到花瓶打破的声音马上跑过来焦急地说："糟糕！花瓶打破了，爸妈一定会很生气！怎么办？"

爸妈回家看到花瓶被打破的确很生气，但因为出门前他们交代我们两个一起完成任务，虽然起因是我负气摔门，但会发生打破花瓶这种惨事，哥哥也要和我同负责任。我爸妈不像多数中国家长一样，认为哥哥比较大应该要懂得控制情绪或"让弟弟"。

可想而知，在荷兰社会长大的我，听到大人问："妹妹有没有听姐姐的话？"心里其实非常疑惑："妹妹为什么要听姐姐的话？"

在中国台湾旅居多年，我发现这种"晚辈"要听"前辈"的观念无处不在，例如：在学校学生要听老师的话、学弟妹要听学长姐的话、在公司

下属要听长官的话，在家更不用说，"大哥永远是对的！"

这种"听话"的概念也反映出中国台湾人"上对下"的关系。我发现生活在台湾，上属与下属对彼此的要求、义务、礼貌及应对都有明确的社会规范，长辈要照顾晚辈，晚辈要尊敬长辈，这样的社会价值在儿童时期就可以看到，例如期待我女儿服从比她"资深"的小朋友。（没想到小朋友之间也是讲求辈分的！）

这种垂直的社会阶层概念跟荷兰水平的社会人际关系很不一样。荷兰社会当然也有上下关系，毕竟总要有人当主管，但上级与下级的角色没有比较清楚的界定，阶级间的界限也较模糊。所以，有些荷兰孩子习惯直接用名字叫自己的父母；老师也很鼓励学生在课堂上随时发问，发表自己的看法及建设性的批评；老板也较能接纳并且采用下属的批评与建议。

中国与荷兰之间的观念差异也反映到对孩子的教育上，中国父母要求妹妹听姐姐的话，遇到什么大事，也是由年纪大的做主；**荷兰父母重视独立思考**，而教孩子独立思考的第一步就是不要随便听任何人的话，自己做的决定，自己负责。

为何越来越多的孩子缺乏独立思考的能力？

——过度强调安全的人际环境，让勇于表达意见的孩子被视为群体中的麻烦人物

当然，我们必须先分清楚"听"的两种意思。第一种是"聆听"，要听到并且理解他人论述的意思，荷兰父母当然希望孩子能具备这种聆听的能力，倾听并理解别人的说法，这也是日常生活的基本礼貌。第二种

是"听话"，是无条件服从其他人的命令及指导的意思，也是这个章节的重点。

为什么荷兰父母不想培养出一个"听话"的人呢？荷兰父母担心的是，总被要求听哥哥姐姐话的孩子，最后会变成一个死脑筋的人，无法表达自己的意见，也无法自行判断他人的论述。我常听到中国台湾地区的人批评学生缺乏独立思考的能力，出国留学时也不像欧美学生随时举手发言侃侃而谈，但这真是学生的问题吗？作为"大人"的我们，是否有提供训练孩子独立思考的环境呢？

在台湾生活了几年，我觉得台湾人民友善又聪明，但从小到大被要求听哥哥姐姐、老师、长官与老板的话，很少被鼓励用自己的脑袋思考问题症结及解决办法，不论政府或是一般职场，往往缺乏有想象力、有创新精神、能发现问题并解决问题的人才。相反地，比较能独立思考且愿意表达想法的人，常被长官或老师视为群体中的麻烦人物："东问西问，问题一大堆，为什么你就不能乖乖听话跟大家一样就好了呢？"

就拿在学校修我课的研究所的同学为例，在我的课堂上，学生都需要准备一场深入讨论课堂读物的口头报告，学生准备时也经常来找我讨论进度。在与他们私下讨论时，我发现台湾学生经常提出独到的见解，也确实抓到阅读的重点，并提出建设性的批评。

可惜的是，到了课堂上的口头报告时间，学生通常只乖乖地摘录阅读的内容，但很少提出自己的看法、自己的怀疑、自己的批评。

下课后我问同学这是怎么一回事，私底下讨论那么有想法，口头报告时却都没有表达出来，学生往往响应："老师，我们习惯口头报告要安全一点，不要提出太多自己的看法，免得自己想法有错误，会影响到成绩！"

每次听到学生这样说，我心里都在想：上我的课，没有自己的看法，才会影响到成绩呢！

我想学生之所以这样打乖乖牌，也是因为他们长期以来被小学、初中、高中甚至大学的老师要求"听话"，不要乱想一些有的没的，只要读懂课本内容然后背下来就好。

更可惜的是，习惯"听话"的人往往很难判断其他人的论述到底是好是坏。在台湾的父权社会中，之所以要听长官／长辈的话，并不是因为他们讲的内容很有道理，而是因为他们有"权威"。一味地"听话"却从不怀疑长官／长辈为何这样说，自然也学不会判断其他人的论述，失去仔细聆听的意愿，反正不管长官说什么，照办就是了。

荷兰父母这样想

每个孩子都有权发表自己的想法，每个人的想法都值得被尊重

——要求"听话"的制度，无法鼓励个人发展自己的想法

在"听话"的文化之下，不仅让人难以深入了解并判断他人论述的正误，也让人无法学习如何建立具有说服力的论述。如果"权威"是社会中决定谁会被听见，谁会被忽略的唯一因素，有一天当自己也需要说服别人的时候，自然会先追求树立权威，而非思考论述的逻辑是否完整。

换句话说，要求下属"听话"的制度，自然无法鼓励个人发展自己的想法，长此以往，原本是人才的个人，也会先追逐权力及资历，而不是思考怎么才能把事情做好，缺乏自我提升的动机，几年下来，人才也变成了庸才。

最恐怖的是，当一个人从小接受"听话"的价值观并接受训练，等有一天自己成为长官时，也会变成相信"官大学问大"的人。也许他会疑惑："为何我的下属这么无能，一点想象力都没有，逻辑又不好？"但他不明白的是，下属的无能是因为屈从在长官的权威下，害怕提出自己的观点，也没有发挥想象力的空间。下一代人才的潜力就在这样的权力关系下被消磨殆尽，这样的结果，才是最令人忧心的。

荷兰父母不要求妹妹听姐姐的话，强调兄弟姐妹之间的平等关系，是因为荷兰父母要避免培养出一个没主见、缺乏判断能力，也无法"建立论述"的被动人才。**荷兰父母把每个孩子视为家庭平等的成员，有权发表自己的想法，每个人的想法也都值得被其他家庭成员重视，当然其他成员也有权批评你的看法。在这样的家庭教养下，才能培养出独立思考的社会成员。**

这是一个知识经济的时代，一国教育政策的竞争力，来自于国民"学无止境"的态度，能够运用教育构建独立思考的能力及对事情的看法。作为一个荷兰爸爸，我想跟女儿说的是："你可以'听'姐姐的话，但千万不要'随便听'姐姐的，永远保持独立思考和反省的能力，才能让你活在忠于自己的价值中，走出一条属于自己的路。"

> **荷兰爸爸的教养小提醒**
>
> 想培养出独立思考的人,需要让孩子学会聆听别人的话,但不要让他们随便听从别人。
>
> 荷兰式教育强调每个人有义务聆听别人的说法,但是也有权利自己思考、怀疑与批评每个人的说法。

人际关系（二）
怎么解决大人世界无所不在的冲突？

中国父母："吵架时彼此先分开冷静一下，等气消就好了。"

荷兰爸爸的真心话："冲突无法避免，重要的是要沟通清楚引起冲突的原因。"

Case 13 中国台湾地区的人和荷兰人，解决冲突的方法大不同

有一天跟太太聊到兄弟姐妹小时候吵架的经历，我问她："小时候跟姐姐吵架时，你们怎么解决这个纠纷呢？"

"没有特别处理耶，我们就冷战几天，之后就自然而然和好了。"

对我而言，这种方法实在很陌生，于是我追问："那你们怎么知道问题在哪里呢？"

"大家就各自冷静想一想啊，重点在于和好，大家和和气气的也比较好说话嘛。冷静几天后，会用比较间接的方式表达出善意，若对方接受这种间接的示好，就表示事情过去了。"

太太解释了老半天，我还是不太懂："那你怎么确定对方已经了解你

的地雷区了呢？"

"哎呀，岱思，重点不在于骂对方或教训对方，直接说出你的想法弄不好还会伤害对方！重点是我们言归于好，姐妹感情没受到影响！"

荷兰父母这样想

冲突是日常生活中必然发生的事，重点在于处理冲突的方式

作为一个长期居住在台湾的阿兜仔，我常对台湾人处理冲突的方式感到疑惑。譬如我第一次跟太太吵架时，我想要跟她沟通，谈谈为什么我们吵这场架，她却很冷淡，都不理我，无论我说什么她都好像没听到的样子。试了几次都吃闭门羹，我只好放弃沟通，两个人安静了一阵子后，太太的心情忽然好起来了，开始跟我闲聊她在看的电视节目，就像什么事都没发生过一样。

这应该是我初次体验到台湾情侣的冷战吧，从头到尾我都是莫名其妙，不晓得到底发生了什么事。

不只是中国台湾地区的夫妻关系令我纳闷，台湾人在职场上处理冲突的方式也让我非常疑惑，经常听到朋友吐苦水说这个礼拜被公司主管"骂一顿"，或是被老板"大声指导"，而老板在骂下属时，下属最好不要吭声，要安静接受老板的教训，不然就会被视为"顶嘴""不受教"。

不过，荷兰父母认为有人的地方就一定会有摩擦或冲突。要把孩子培养成一个独立的社会成员，他不只要会照顾自己，也需要懂得处理冲突。

第一课，就是我们如何看待冲突。冲突本就是日常生活必然会发生的事，重点不在冲突本身，而是处理冲突的方式。面对冲突时，需要了解沟通的重要性，有效的沟通代表必须能听懂、听进对方的话，也能清楚表达自己为何生气。**沟通的目的在于了解彼此不开心的症结，避免未来再发生同样的纠纷。**

从荷兰式教育的观点看我太太处理冲突的方式，难怪我当初会觉得很疑惑，夫妻间的冷战和中国台湾地区职场上长官的"指教"，都缺乏了解彼此立场的动机，太太跟我冷战时，并没有告诉我她哪里不开心，我怎么会知道自己到底做错了什么？

同样地，被老板教训的时候，老板都不给下属机会问清楚原因，那他们怎能了解自己到底做错了什么呢？更何况，如果犯的错误源于公司流程的问题，老板若只是一味地责骂下属，又怎能从中看出公司制度的不足呢？连问题的症结都没搞清楚，又怎么解决问题呢？

> 荷兰父母这样做

处理冲突的SOP，是孩子成为大人的必修课程
——冷静→表达→响应→道歉，学习处理冲突的正面应对方式

荷兰父母认为大人世界的冲突无所不在，孩子在家得先学好怎么解决冲突，所以很重视孩子面对冲突的沟通能力。每次我跟哥哥姐姐吵架，爸妈都会利用沟通的原则来解决我们的纠纷。我爸妈有一套简单的SOP：

Step 1 冷静

先让事主冷静下来。人在生气的时候，常常只能做到大声表达自己的不满，却没有办法聆听对方的想法。为了让大家冷静，爸妈通常会先叫我们回到自己的房间，等情绪高峰过去了，才开始辅导我们互相沟通。

Step 2 表达与聆听

甲方（通常是先暴走的那位）先说清楚他为何生气，乙方做了什么让自己那么激动，这阶段的重点是训练甲方的表达能力，让他冷静说出自己心里的感受，此时乙方暂时不要马上响应，借此训练乙方聆听他人的能力。

Step 3 回应与聆听

等乙方认真听完之后，也会有一段时间让他回应，这时乙方也可以说说是什么事情令他生气，当然甲方此时也要认真聆听。

Step 4 道歉

了解彼此的立场跟生气的原因后，也厘清了冲突的症结，这时候两人要跟对方互相道歉。爸妈通过这个彼此道歉的过程，让我们知道吵架双方都有错，道歉是为了让对方知道你已经听懂了他的意思，下次碰到类似情况时可以避免犯同样的错误。当然，道歉不只存在于同辈之间，换成长辈犯错也要道歉。

上个礼拜因为很累，女儿却一直调皮吵闹，我就凶了她一顿，女儿莫名其妙被骂心情很不好，整个家里的气氛也受到影响。因为是我自己没有控制好情绪，所以事后我这个爸爸也向女儿道歉了。

荷兰父母处理争吵的SOP，对孩子成年后生活的3大关键影响

影响1　让孩子知道人与人之间的摩擦在所难免

发生冲突时重点不在冲突本身，在于双方如何沟通解决问题。

影响2　给孩子表达自己想法的机会

孩子生气时一定会有很复杂的情绪，但通过解决冲突的过程，孩子有机会慢慢说出自己心里的话，也可以接纳并理解自己的情绪。同时，父母给孩子机会说出心里的话，也让孩子知道自己的想法及感觉是被尊重的，有助于提升他的自信。

影响3　理解自己的情绪不是最重要的，别人的感受也很重要

孩子不只要能说出自己的想法，也要学会聆听别人如何看待刚才发生的冲突，聆听之后，孩子才能学习到自己的行为会如何影响别人。

在台湾，很多人害怕面对冲突，他们把冲突看作一件负面的事。但只要学会前述处理冲突的4个步骤，冲突就是让我们更加了解彼此的契机，孩

子既然已经学会如何解决冲突,自然不怕面对它。只要能好好沟通,一定可以达到双赢。

孩子通过重复练习以上的SOP,便能够清楚表达自己的情绪,也能耐心听懂其他人要表达的想法,通过沟通了解问题的核心,学会怎么解决大人世界无所不在的冲突与纠纷。

  荷兰爸爸的教养小提醒

> 荷兰父母认为人跟人相处一定会发生冲突,冲突不是一件负面的事,重点是用什么方式解决冲突。
>
> 用"冷静""表达与聆听""回应与聆听""道歉"的SOP教孩子解决冲突。
>
> 解决冲突的重点在于了解对方的立场,也清楚表达自己的看法,双方对彼此的立场都清楚,就能避免下次再发生同样的冲突。

荷兰式处理冲突的 SOP

Step 1
冷静
暂离现场,等情绪高峰过去

Step 2
表达与聆听
甲方说清楚自己为何生气,
乙方倾听,暂时不要回应

Step 3
回应与聆听
乙方回应什么事让自己生气,
甲方聆听

Step 4
道歉
了解彼此立场后互相道歉

人际关系（三）做大人做的事
性教育的重要性

中国父母："过多性知识教育只会诱发孩子对性的好奇心！"

荷兰爸爸的真心话："孩子本来就会对性好奇，与其一味防范，不如教给他们正确的知识让孩子学会保护自己。"

Case 14 初二的生物课程，老师用香蕉示范怎么用保险套

记得我中学一年级或二年级时，某天生物老师走进教室，一开口就说今天要探讨"性"这件事，全班男女同学马上安静下来，瞪大眼睛，一方面充满好奇心，心想今天终于可以学习"那方面"的知识了，另一方面也觉得非常尴尬，毕竟"性"在中学生之间不是大家常会讨论的话题。

老师当然也感觉到同学们的好奇与尴尬，在示范如何使用保险套的时候，虽然只是用香蕉示范，但出于紧张，他的双手抖得超厉害，试了好几次都没有成功。

终于有一位同学问出了关键问题："老师，你自己有使用经验吗？"

全班立刻哄堂大笑，老师红着脸支支吾吾地说："啊……这个问

题嘛……"

这个例子告诉我们，就算大家觉得荷兰社会非常开放，但"性"还是一个很尴尬的议题，性知识也不是大家与生俱来的。尴尬归尴尬，荷兰人还是普遍认为这个题目是中学一二年级的必修课，青少年在青春期开始的时候，应该理解这个生命阶段会发生什么"转大人"的变化。

> 荷兰父母这样想

不教孩子性教育、保护自己的方法，无法真正解决孩子将面对的问题

许多研究数据也支持性教育的必要性。根据Rutgers性与生殖健康暨权利研究中心（Rutgers centre of expertise on sexual and reproductive health and rights）在二〇一二年出版的《25岁以下的性行为研究报告》（Seks onder je 25e），许多荷兰人"爱的初体验"发生在青少年时期，这个调查访问了八千多12至25岁的年轻人。研究显示，有一半的受访者在14岁左右已有过接吻经验，15岁开始有身体的亲密接触，17岁就有初次性经验。在有性经验的受访者中，初次性经验的平均年龄落在16.1岁，显示许多荷兰年轻人的性生活在初中或高中就开始了。

也许荷兰人初次性经验的平均年龄会吓死一堆保守的中国父母，不过中国台湾地区的青少年真的比较"纯洁"吗？根据台湾妇产科医学会二〇〇六年发表的研究报告，中国台湾地区的青少年的初次性经验并没有比荷兰青少年晚多少。台湾妇产科医学会访问了一千多名13至25岁的年轻

人，发现一半的受访者在18岁前就有初次性经验，有性经验的中国台湾地区的年轻人（并非所有年轻人），初次性经验的平均年龄是16.8岁。由此可见，荷兰人的性生活开始得比中国台湾地区的年轻人早一点，但初次性经验的年龄并没有差太多。

荷兰父母并没有采取鸵鸟心态，既然知道孩子早晚会有性行为，也对这些"大人"会做的事有兴趣，宁愿早一点通过性教育告诉他们性到底是怎么一回事，该怎么保护自己，也不愿自欺欺人限制孩子交友或设门禁。这也是为什么荷兰父母普遍认同性教育的重要性，也是每个荷兰人十三四岁一定要上性教育课程的原因。那么课程的内容到底是什么呢？

荷兰性教育的内容：认识自己的身体、捍卫身体的自主权

在我看来，荷兰性教育的第一个重点就是让孩子认识自己的身体，课程首先讨论青少年这个时期身体会经历哪些变化，譬如身体的各处开始长出毛发、声音的改变、生殖器的变化与成长，以及为什么脸上会长青春痘，对开始重视外貌的青少年来说，这真是最重要的知识。

除了帮每一位同学对自己的身体有基本的了解，性教育课程也告诉青少年：这些变化虽然每个人来的时间点不一样，但不管早晚，都算是正常的改变。随着身体经历那么多变化，对自己身体感到好奇也是正常的，不需因此感觉到罪恶，探索自己身体在这个阶段很自然。

我还清楚地记得生物课本上关于这堂课的内容，书上以文字加图画

的形式来说明身体的变化，例如提到男生在青少年时期因为还比较不会控制生殖器的变化，生殖器一天可能无来由地勃起五到二十次，这段文字旁边，搭配一个少年看向自己裤子里面，心想：为什么一直会发生呢？

性教育课程也会提到，在青春期阶段，不只身体会经历很多变化，心理也会有一些改变，同学们可能会首次感受到爱上一个人的滋味，这种爱情萌芽的过程，会让青少年产生前所未有的初恋感觉，当然也可能会失恋。值得注意的是，老师通常也会花一点时间说明除了异性恋之外，也有一些人会爱上同样性别的人，这些都是自然的感觉。

荷兰学校的性教育课程不只让同学更了解自己身心的变化，性教育课程的第二个重点就是希望同学了解性行为可能会导致一些不好的结果，希望同学学习如何保护自己。

第一个危险就是被传染性病。荷兰性教育的课程强调，不论男女都有责任保护自己也保护对方，因此防护措施是绝对必要的。课程也会讨论到最常见的性病、性病的症状、如何确认自己有没有得性病，以及得了之后怎么治疗。保护自己最主要的方式就是使用保险套，荷兰课程会让学生接触到保险套，让他们了解保险套的质感与使用方式。

除了性病，性教育的课程也教育我们不分男女都要意识到"怀孕"的可能性，课程中开诚布公地讨论baby是哪里来的、什么样的性行为与姿势有可能会让女生怀孕、避孕的各种方法，以及各种避孕法的优缺点等。当然，也会提到怀孕期间女生的身体会经历什么变化、胎儿在肚子里的成长发育，为未来当妈妈做初步的准备。

当然，最重要的是要让年轻人学会保护自己，了解自己可以接受的极限,并懂得勇敢说"不"。课程中会说明,在许多情况下,你不想跟另外一个人发生性关系,但对方却一直用各种方法逼迫你,此时教育的重点便是让学生了解:任何性关系必须发生在两情相悦之下,没人有权在你不想要的情况下触碰你的身体,每个人永远有权说"不要";相对地,当对方拒绝你时,也一定要尊重对方的意愿。

这些林林总总的内容,通常会在短短的几个礼拜内教完,但这么重要的学问怎么可能在短短几周内就全数教完呢?因此,除了学校之外,家庭教育也在这方面扮演了很重要的角色。

荷兰父母这样做

家庭教育中,父母对孩子的性发展应保持开明态度,必要时响应孩子的问题

荷兰学校的性教育大多比较重视性行为的认定及需要注意的事项,较少提及"性"应该存在于什么样的关系中,家庭教育在这方面便扮演了关键角色。家庭的互动,也就是所谓的身教,对于孩子对感情关系的认知有很大的影响力。父母在日常生活怎么"爱"对方,自然会影响孩子对"爱"的看法,也自然地让孩子学习到"性"要发生在有"爱"的感情关系中。

此外,父母的沟通方式也会影响到孩子对于性相关方面的看法,比方说,面对媒体不断灌输给阅听人[①]"完美身体"的刻板印象,若父母不能

---

① 阅听人:指读者、听众和观众。又称媒介受众。

从旁加以指点，孩子便可能误以为电视上的身材才是美的，进而影响他对自己身体的自信。再加上，如果孩子看到成人影片，可能会误会影片中的内容等同于现实生活，父母应该适时导正说明。

通过家庭教育，父母的审美观、对穿着的标准以及对孩子在外过夜的规定，都会影响到孩子对性的态度。

因为如此，学校的性教育也不断强调，当同学有任何疑问时，可以试着跟爸妈沟通。许多育儿专家也提到，父母对孩子的性发展要尽量保持开明的态度，随时接受与回答孩子在这方面的问题。

虽然荷兰学校的性教育及一般家长的态度都相当开明，但"性"本身仍然是个尴尬的议题。前面提到的《25岁以下的性行为研究报告》也指出：虽然75％的受访者发生性行为时会用保险套，但是40％的受访者不晓得男生在射精前就可能会让女生怀孕，三分之一的受访者认为只要事后洗澡，就可以降低被传染性病的概率。虽然超过90％的受访者表示会跟性伴侣清楚表达自己的意愿与界线，但17％的女生及4％的男生还是表示自己曾经被强迫做过一些他们不愿意做的事。

这些数字显示：性教育不能完全预防青少年的身心健康受到威胁，但我相信如果没有良好的性教育，这些数字恐怕会更高。认识自己的身体并保护自己，还是要从学校与家庭提供足够的知识开始，唯有具备足够的知识力量，孩子才能更有自信，掌握身体和心理的自主权。

荷兰爸爸的教养小提醒

荷兰父母认为,孩子早晚会对"性"有兴趣,因此大部分的荷兰人支持孩子12岁或14岁开始接受性教育。

荷兰学校的性教育包含几个重点——"认识自己身体与心理的变化""保护自己不会得性病或怀孕"以及"你永远有权利拒绝别人,被拒绝就要尊重对方"。

荷兰中学生物课程一定会包括性教育,但这方面的家庭教育也很重要。

父母的审美观、对穿着的标准,都会影响到孩子对性的态度。

父母对孩子的性发展要尽量保持开明态度,随时接受与回答孩子在这方面的问题。

锻炼孩子的理性思辨能力
自小让孩子接触政治和社会议题

> 中国父母："政治议题很敏感,最好不要谈。"
>
> 荷兰爸爸的真心话:"与孩子讨论政治、社会议题,可以养成深度思考的习惯。"

Case 15 用开放的眼界看待政治倾向

二〇〇八年是我第一次在台湾碰到台湾地区领导人选举,选前某晚跟朋友聚餐,我虽然没投票权,但也想追追选举风潮,所以问了在座的朋友:"这次选举你们要投给谁啊?"一开口问这个问题,太太就在桌下捏我的大腿,好像我说错了什么。朋友也没有特别回应,只是简单回答:"还没决定要投给谁。"这个话题很快就这样带过去了,大家似乎不太喜欢谈论政治。

饭后我问太太,为什么大家好像不太愿意讨论台湾大选呢?她解释:"在台湾,很多人不太喜欢讨论政治,像这些朋友,有的家庭背景泛绿,有的泛蓝①，开始讨论政治就很容易吵起来，破坏吃饭的气氛，所以大家才会避免谈政治。"

经过太太的解释，我才了解，原来政治在台湾算是比较敏感的议题，但心里非常惊讶，特别是我这群朋友都受了很好的高等教育，照理说应该有独立思考和判断的能力，听听别人的想法跟意见实在无伤大雅吧？

再加上对我来说，我认为个人政治取向与家庭背景，实在是没有绝对关系的两件事，因此这种"我投给谁，因为我们家都投给谁"的情况，对我而言非常陌生。

> 荷兰父母这样做

重视培养孩子对各种社会议题的主见

以我家为例吧，我们家五个人的政治立场都不一样。

每次荷兰国会选举，我爸通常投给比较保守的基督教派政党，妈妈则支持左派的绿党，姐姐跟爸爸政治立场较像，哥哥是右派自由主义政党的支持者，我则比较拥护立场偏左的多元政党。简单来说，我家好像一个小小的国会，政治立场非常多元。

当然，我家政治立场的多元化来自荷兰的多元政党体系，每次国会选举大概有二十几个政党参选，大部分政党过不了投票门槛，所以选举结果大多是八至十个政党会获得国会席次，再由几个比较大的党组成联合政府。

---

① 在台湾，国民党的主色调为蓝色，反国民党的各派力量为绿色。

但是，我家变成小小国会的另外一个原因，来自我父母对培养孩子对各种社会议题主见的重视。

荷兰父母普遍对培养孩子的独立思辨能力非常重视，他们认为教养孩子的目的就是要培养一个"经济与思考独立的社会成员"（也就是"大人"的定义）。随着社会的变化，新的社会议题出现，民主国家处理新议题的方式便是让全民参与，所以社会成员可以通过参与共同讨论及投票，让政治人物获得人民授权之后进行立法并执行政策。

不过，社会中的新议题通常是很复杂且多方面的，社会的成员不只要能建构自己的立场，也要能接受别人可能会有的不同看法，甚至有完全相反的意见。一个民主社会便是通过不同立场的对话，找出多数人可以接受的解决方式，这样的对话质量越高，政策的可行性也就越高。

荷兰父母认为孩子应该建立自己的主见，要参与各种社会议题的讨论，并在讨论中清楚表达自己的看法，理解并接受别人的批评，进而从中取长补短，找出彼此的共同点。

进入社会后，孩子不只在政治与社会议题上需要这种讨论能力，职场上、家庭中亦然。能对各项议题建立主见并与人讨论，是孩子成长中要学习的关键能力。不过，对我爸妈来说，除了要培养孩子独立思考的能力，还得维持家庭的和谐，避免大家为辩而辩，他们是怎么办到的？

通过小而美的《儿童新闻》，让孩子从小习惯接触社会议题

要鼓励孩子开始思考社会的重要议题，同时又要维持家里和谐的关系，关键在于取得"良好的信息"。这个部分很多荷兰父母都仰赖荷兰电视台播放的《儿童新闻》。

荷兰《儿童新闻》成立于一九八一年，是特别为9至12岁的孩子制作的广播新闻，报道的题目跟"大人"的新闻一样，《儿童新闻》也会讨论所有的社会大议题。《儿童新闻》的特殊之处有二：

首先，为了确保孩子理解新闻报道的内容，所以《儿童新闻》坚持用比较简单易懂的语言。访问政治人物时，也会要求他们尽量别用太复杂艰深的专有名词，句子也不要太长，以免孩子听不懂政治人物要传达的讯息。

这种要求对大人也有帮助。荷兰二十世纪九十年代初期的总理鲁贝士（Ruud Lubbers）的演讲跟演说是出了名的晦涩难懂，当时《儿童新闻》就要求他尽量简化，以便9到12岁的孩子能理解。一般的新闻节目因为做不到这样的要求，因此《儿童新闻》反而是报道总理政策最清楚明确的媒体，所以其他记者也常常引用《儿童新闻》的报道内容，以厘清总理的意思到底是什么。

《儿童新闻》第二个特别的地方在于对社会议题的切入点，很多社会议题对儿童生活及权益会有很大的影响，《儿童新闻》就会特别关注新闻的这一面。以最近欧洲难民危机为例，《儿童新闻》就会特别强调难民儿

童到了荷兰会遇到什么样的问题，例如居无定所及不能受教育等。

> 荷兰父母这样做

与孩子讨论政治，从不同方面挑战他的观点，养成深度思考及抓重点的能力

从小收听《儿童新闻》，有了对社会大小事的基础认知后，大概10岁左右我爸妈就会开始询问我们对新闻报道的看法，并且跟孩子一起讨论。

爸妈讨论的目的不在于说服我们某一个立场是对或错，而是让我们多思考那个议题的不同层面。譬如荷兰有许多反对设立难民中心的抗议，如果我说自己支持设立难民中心，父母就会希望我进一步思考抗议者的看法："如果那个人口只有六千人的小镇，却设立了可以容纳一千五百人的难民中心，会对小镇的日常生活有什么影响？"如果我说自己支持不要设立难民中心，父母便会反问："如果每个地方都不设立难民中心，难民要去哪里生活啊？会不会反而成为社会问题？"

到了青少年时期，父母不只会通过这样的问题鼓励我们清楚表达自己的想法并思考各个社会议题的不同层面，也会追问我们如何决定最终立场。如果背后想法的逻辑有任何缺陷，爸妈也会指出来，让我们知道我们的想法有一些不足的地方，要再好好想一想。

对我父母而言，跟孩子讨论政治并非单向的灌输信息，而是双向的交流，因此爸妈也很欢迎我们询问他们对各种议题的想法，乐意分享他们的思考过程，也让我们挑战他们的立场。

譬如老爸支持的是偏右派基督徒的政党，我则是支持左派的政党，听起来好像完全相反，但老爸却很欢迎我探讨他支持的政见与立场。通过长期深入的讨论，我才感受到我们两人对社会的关怀其实大同小异，因为我主张"帮助弱势群体的程度，是一个社会文明的标准"，老爸则认为基督徒政党的基础之一是博爱，因此社会互助是重要的价值，从跟老爸的对谈，我学习到乍看之下完全相反的立场，其实背后也可能有一些相同的观点。

我家三个孩子自小这样被父母训练长大，大家可以想象每天晚上我们家的餐桌有多么热闹，三个孩子及两个大人各自表述不同的看法，互相提问交流，我们自然而然地就学会了怎么建立自己的想法，反省自己的想法有何优缺点，能听出别人主张中的逻辑与道理，尊重别人的不同看法与立场，并接受别人对自己看法的批评。

我想我家每晚的"餐桌夜谈"让我学到最重要的一件事就是：社会议题不是非黑即白，往往有很宽的灰色地带，需要通过大家不断的讨论来厘清，并找出最大公约数。

在这样理性的思辨教育下，我家每个成员不只学会建立主见的能力，也培养出鼓励讨论社会议题但尊重彼此的气氛。这种父母与孩子政治立场天壤之别的家庭关系，在中国台湾地区也许比较少见，但培养孩子独立思考的能力及接纳不同立场的胸怀，是为了让他在人生路上的每一步都走得稳健有信心，也是让孩子青出于蓝的良好基础。

荷兰爸爸的教养小提醒

为了培养独立思考的社会成员,荷兰父母鼓励孩子关心社会议题。

荷兰父母跟孩子讨论社会大事,讨论方式并不是单向说教,而是鼓励孩子从不同层面思考社会议题。

当孩子理解到社会议题是很复杂的,也会渐渐建立自己对事情的看法,同时尊重别人的看法并接受批评。

【专栏】
荷兰人为什么高个子这么多？

现在荷兰人的平均身高确实是世界之冠，荷兰男性平均身高为一百八十五厘米，女性为一百七十厘米。

早餐吃饱，造就平均身高增高十五厘米的荷兰奇迹

有趣的是，荷兰人并非一直都是全世界最高的人。一八六〇年荷兰军队士兵的平均身高只有一百六十五厘米，但同时期美国士兵的平均身高是一百七十三厘米。由于各国军队征召入伍时都会测量新兵的身高，所以要知道历史上各人种的平均身高，军队纪录是最可靠的资料来源。在一百五十年之内，荷兰人平均身高增加十五厘米，实在很惊人！

基因遗传会影响身高差异，饮食习惯更是如此。第二次世界大战后，荷兰经济快速增长，国民生活质量渐渐好转，饮食习惯也进步了。那么现代荷兰的孩子到底都吃什么，才可以长那么高呢？

以我家人的例子来说，我姐姐有五个孩子，去年十二月我趁着出差的机会回荷兰，发现姊姊的孩子已经"转大人"了，老大15岁半，身高已经

一百七十九厘米，几乎是荷兰成人的平均身高了。

我好奇姐姐跟姐夫究竟给他吃了些什么，没想到外甥抱怨说："我这几个月肚子一直都很饿，之前早餐吃四五片面包就够了，现在怎么吃都还是饿……"

外甥说，早餐光吃面包的话，得花许多时间才能吃饱，为求效率，他改变了早餐的饮食习惯，本来吃面包，现在改吃燕麦粥，吃完满满一大碗。

"那谁来准备你的燕麦粥呢？""其实，我妹妹（13岁）现在也处于永远吃不饱的状态，所以我每天早上帮我们两个煮一大碗燕麦粥，大概用一公升的牛奶加燕麦片，燕麦片要多到整碗像水泥一样浓才吃得饱。"

姐姐也说："要准备五个孩子的早餐，简直就是军队的伙房，如果我要帮所有人准备早餐，可能得到中午才能休息，所以我的孩子从读小学起，就得自己准备早餐，各人的肚子各人顾，妈妈管不了这么多。"

多吃不加工的天然食物，健康的饮食习惯有助于成长

外甥继续说："除了早上的燕麦粥之外，学校十点钟为休息时间，短短十五分钟内我必须吃四片面包，中午休息半个小时我又必须再吃四片面包，不吃就会饿到受不了。"

"所以你一天的早餐吃一碗燕麦粥之外，还吃八片面包？"我问。

"不只！我还吃两颗苹果，下午三四点回家还吃两三片面包，有时

【专栏】 荷兰人为什么高个子这么多？

候再吃一颗苹果、梨、橘子或葡萄这类的水果，吃完这些我才有力气写功课，晚餐时间之前写完功课，肚子又饿了，就可以马上吃晚餐了！"

"那晚餐吃什么呢？"

"晚餐通常是米饭或马铃薯，加各种各样的蔬菜，有时候还加一个色拉，每周大概有一天吃鱼、一天吃肉。"

"哦？！所以你们没有吃很多肉？"

"对啊！鱼跟肉吃得少，但蔬菜真的吃得很多！"

外甥说："小时候看到邻居的孩子吃洋芋片、喝汽水常常觉得很羡慕，但现在觉得自己是一个很健康的孩子，也很感谢爸妈花很多力气准备营养均衡的食物，帮我们养成健康的饮食习惯！"

15岁的外甥现在已经一百七十九厘米、七十公斤。周末跟姐姐讲电话时，她提到外甥已经很久没有换鞋号了，说他也许不会再长高了。未来他究竟会不会赶上他小舅舅的身高，我也不知道，但我知道从小养成良好的饮食习惯，将会是一辈子都受用的财富！

Part 3

初中～高中

家庭之外的教育场合
——学校与社团

培养创造自己价值的人，不只是家庭内的事，
也是荷兰社会的经济基础。
本章探讨荷兰孩子如何在学校体系找到属于自己的学习路线，
以及青少年成长过程中，各种非营利社团扮演的重要角色。

教育的蓝图：认识荷兰的教育体系

中国父母："考到好的名校，孩子的将来才有保障！"

荷兰爸爸的真心话："孩子的教育若与能力差太远，不断受挫反而会影响他对学习的兴趣。"

Case 16 从4岁开始的义务教育，专心玩才是重点

荷兰的义务教育自4岁开始，头两年小朋友上的是幼儿园，主要学习怎么跟其他小朋友互动玩耍，练习过团体生活。荷兰人认为这个时候的孩子，专心玩才是重点。到了6岁便准备成为小学生了！

荷兰小学除了以学区区分，也跟宗教教派有关。荷兰国民教育之所以与宗教密不可分，是因为十九世纪荷兰国立教育体系成立之时，宗教在荷兰社会扮演非常重要的角色，教会跟家庭都很坚持孩子应该学习自己信仰的教派，不想跟其他宗教派别"混"在一起，一个学区内通常会有三所不同宗教教派的小学，虽然上课内容差不了多少，但是教育理念仍会随着宗教信仰而略有不同。

以我长大的小镇为例，虽然人口仅有六千人，但这个学区内就有一所基督教小学、一所天主教小学，以及一所无宗教的小学。

上了中学以后，荷兰学生就过着跟中国台湾地区的学生截然不同的生活了。

荷兰中学教育的三种学制：适才适所，让学生进入最适合自己的学制

荷兰中等教育分为三种学制，主要依照学生的能力跟属性区分，根据学生的能力及兴趣取向，让他进入最适合自己的学制。

第一个类别叫"VMBO"（Voorbereidend Middelbaar Beroeps Onderwijs，预备中等技职教育），大约六成的小学毕业生都会进入这个类别，四年就可以毕业，算是技职教育，较偏向技术取向。VMBO分成四个不同的"行业类别"，为学生未来继续在"经济""护理与医疗""农业"和"科技"领域就业做准备，有一点像中国台湾地区的二专或五专[①]的前几年。

第二个类别叫"HAVO"（Hoger Algemeen Voortgezet Onderwijs，高等普遍中学教育），大概有两成的学生是走这条路线，必须念五年才可以毕业，HAVO有点像升学班和技职班之间的弹性选项，也有点像科技大学的先修班，学生毕业后可以申请就读荷兰的应用科技大学。近几年来，荷兰的应用科技大学跟不少中国台湾地区的科技大学签订合作计划，我自己就

---

① 在中国台湾地区，初中（相当于大陆的初中）之后，大致可以分两条线，一条线是上高中，考大学，包括研究所（相当于大陆的研究生）。 另一条线是初中毕业后，进职高。通过联考进专科（二年制，称"二专"），再考进技术学院（二年制，称"二技"）；也可以初中毕业后，进五年制专科（称"五专"），再进"二技"；还可以职高毕业后，进四年制技术学院（称"四技"）。以上三种渠道，同样都可以获得"学士"文凭，进而攻读研究院。

遇到过不少荷兰科技大学的交换生到中国台湾地区学习。

最后一种类别叫作"VWO"（Voorbereidend Wetenschappelijk Onderwijs，预备学术教育），约有两成的小学毕业生会念这种要六年才能毕业的学制，这也是跟中国台湾地区的初、高中最类似的体制，算是升学班吧。不过跟中国台湾地区不一样的是，VWO学生一毕业就可以依照他们专攻的领域（理工组、生物医疗组、文学组及社会科学组）申请荷兰十一所大学的各个科系，不须经过高压的大会考，也没有所谓"最好的"科系，大家都是依照自己的兴趣和能力申请。

对荷兰年轻人来说，中学学制的选择会影响他们未来受教育的路线跟步入社会的职业选择，这恐怕是"升学第一"的中国台湾地区的人很难想象的。其实，荷兰教育界对此也有非常激烈的讨论，最常听到的问题是："一个小学毕业生才12岁，这么小的年纪就要做出如此关键的人生选择，筛选分流的过程，真的公平吗？"

荷兰也有学测，但不是"一试定生死"

那么究竟该怎么评估学生适合哪种学制呢？说到底，还是靠考试。

在此我得先介绍一下荷兰版的"学测"。

荷兰小学六年级生都得参加一场国家指定的考试，叫作Cito toets，参加这考试要花上几天的时间，各个科目都会考到，不只考学生的基础知识，也测试学生的认知与理解能力。考试的分数便成为中学学制筛选的重要参考：考试分数高于某一个水平表示学生有能力上VWO，低于VWO的水平但高于最低水平可以念HAVO，剩下的就要去念VMBO。

不过考试分数只是个参考，并不是"一试定生死"，毕竟考生有可能因为太紧张而发挥失常，或运气好考得超乎预期，所以最后由老师决定学生进入中学后应该念哪一个类别。

因此，如果学生平常表现相当好，但Cito toets当天失常，老师会建议学生试着念高一点类别的学校；相反地，若老师觉得某个学生过去学业表现没那么优秀，但Cito分数很高，也会建议他先从技职班开始学习。

【荷兰中学教育的三种学制】

学制类别	VMBO	HAVO	VWO
特色	1. 四年就可以毕业，算是技职教育，比较偏向技术取向。 2. 分成四个不同的"行业类别"，为学生未来继续在"经济""护理与医疗""农业"和"科技"等领域就业做准备	1. 要念五年才可以毕业，像在升学班跟技职班之间的弹性选项。 2. 有点像是科大预备班，学生毕业以后可以上荷兰的科技大学	1. 六年才可以毕业的学制，这也是跟中国台湾地区的初、高中最类似的体制。 2. 学生一毕业，就可以依照他们专攻的领域（理工组、生物医疗组、文学组及社会科学组）申请荷兰十一所大学的各个科系，不需要经过大会考
就读学生人数比例	六成	两成	两成
学测成绩	低于最低的水平念VMBO	成绩低于VWO的水平，但是高于最低的水平可以念HAVO	高于某一个水平表示学生有能力上VWO

> 荷兰父母这样想

蓝领工作收入不输白领，学习过程开心才是教育重点

读到这里，可能很多中国父母会想，若考试只是参考数据，由老师给建议，为什么不叫孩子去念升学班？不然就是去跟老师拜托一下，给孩子评分评得高一点。

这就是荷兰父母跟中国父母最大的不同。例如中国台湾地区还是有很强的"万般皆下品，唯有读书高"的倾向，觉得先把孩子逼上第一志愿，往后人生选项便会多很多，也比较能找到衣食无忧的工作。但许多荷兰父母认为，如果孩子的教育与他原本的能力相差太远，孩子念书会很辛苦，若实力明明跟不上还硬要念，不断受挫，反而会影响孩子对学习的兴趣，还会降低他的自信，甚至自我放弃。

另外还有一个原因，就是荷兰的工作阶级观不像亚洲社会这么重。虽然荷兰社会也跟中国台湾地区一样较尊崇白领阶层的工作，却不代表蓝领阶级的薪水就很差，特别是念科技相关行业的科大生，毕业后从事需要专业技术的职业（例如水电工），薪水不见得低于升学班的学生。换句话说，孩子即使不念大学，也不代表他未来的日子一定会很苦。

关于学制，荷兰国内的争议与反思

——荷兰跟中国台湾地区的教育体制各有所长，没有绝对的好或不好

不过荷兰国内倒是对于何时该决定孩子的走向，有激烈的讨论和批评。首先，许多人认为12岁真的太小了，有的孩子发展得快，有的孩子发

展较慢，12岁的认知能力根本无法完全判断自己的未来，因此容易发生判断错误，使得不少原本有潜力的孩子，无法选择最适合他的教育路线。

为了减少这种情况，荷兰教育体系采取了两个方法：第一个方法是，若小学毕业时还不能确定孩子的学术能力，中学第一年先让这个孩子念综合班，让他轮流上升学班跟技职班，往后延一年再做决定。

另外一个方法是鼓励有兴趣的孩子毕业后转念较难的学制，有点像中国台湾地区五专生"插大"的概念。技职班的毕业生可以从科大预备班中途开始念，念得好可以再转到升学班。不过因为实在太复杂，采用这种方式的学生并不多，每年不到10%的学生走这种插班路线。

荷兰学制另一个被批评的原因，在于老师的主观判断可能造成筛选不公。许多研究报告指出，同样能力的学生，老师给的建议往往随着对方父母的社会经济地位有所不同。一个生在富裕家庭的孩子与一个经济条件较差家庭的孩子，如果Cito的分数相同，老师会倾向建议前者念升学班，后者去念技职班。换句话说，因为老师的判断不只参考学生的能力，也会参考他在课堂上的行为表现，使得不少社会地位较低或弱势家庭的孩子吃亏。

针对这个问题，荷兰教育界人士提出的解决方法就是联考，唯有通过公平的考试，才能完全避免人为的判断偏差。但这个方式也有它不全面的地方，毕竟有些孩子就是特别不会考试，但并不代表他们不聪明。

从以上的荷兰学制来看，读者们或许会发现：荷兰跟中国台湾地区的教育体制各有所长，没有绝对的好或不好，不同制度之间也可以取长补短。重点在于哪一种方式可以让每个孩子充分发挥自己的潜力。这不单是国家制度的问题,还涉及学生的资质属性、家长态度和社会价值观,值得我们深思。

如何在教育体系下找到属于自己的人生？

中国父母："万般皆下品，唯有读书高，书读好才能找到医生、律师这类好工作。"

荷兰爸爸的真心话："每项工作都有存在的必要，只要是你愿意投入热情的工作，蓝领白领一样好！"

Case 17 开心当警察的表哥

有一年暑假，外婆邀请整个家族到荷兰南部度个小小的家庭假期，外婆生了六个孩子，所有孩子、孙儿还有曾孙集合，也是很不得了的规模。我跟表兄弟姐妹也趁着这个机会叙旧，聊到我硕士刚毕业，准备到中国台湾念博士班，一个表哥对我说："岱思，看到你对学术研究这么感兴趣，我真为你开心！不过我真的无法想象过你这种成天埋首书堆的生活，感觉好无聊！我比较喜欢我现在的工作！"

这个表哥是我从小到大的玩伴，我妈跟阿姨差不多同时怀孕，结果我们两兄弟生日只差六天，我们从小一起踢足球、打电动，有很多快乐的儿时回忆。

表哥跟我的人生路线有些不同，他从小就不特别爱念书，长大后选择在阿姆斯特丹当警察,我问他的工作哪个部分最有趣,他回答:"人民保姆每天要处理的事情都不一样,有时要解决邻居间的冲突,有时要警匪追逐,有的日子就是在警局写写报告。因为每天面对不一样的挑战,也磨炼出许多不同的能力,像过人的体力、沟通能力、推理犯罪的逻辑思考能力等,当警察真的太有趣了!"

阿姨听到我们的讨论,也加入说:"儿子,看你这么投入在工作中,表现也受到肯定,我真的很以你为荣!"

如今我还是很难忘那段跟表哥与阿姨的对话。特别是在爱面子的中国台湾地区,父母总要孩子念书,将来才能"坐办公室、赚大钱",有多少中国父母会像我阿姨一样,能够不以孩子的学业表现评断他呢?

荷兰父母这样想

水电工也要学计算机跟企业管理,专业证照比高学历更有用

——在荷兰,不管哪种行业都需要几年的训练,结训后还要考执照

荷兰父母不觉得孩子非得念书不可,大学也不是必备的学历,孩子功课好更不是父母向街坊邻居炫耀的资本。那么,为何荷兰跟中国台湾地区对学历的看法如此不同呢?

我必须承认,在荷兰白领与蓝领的工作还是有不一样的待遇的,通常是白领的工作评价较高,特别是需要高学历才可以应征的白领工作,像金融界、医生、顾问、工程师都属于这一类,他们的社会地位确实较高,薪

水也比较丰厚。

但话说回来，荷兰社会并不会把孩子分成"会读书"与"不会读书"，更不会有父母指着工人跟孩子说："你看，不好好读书就会跟这个叔叔一样，做那么辛苦但赚不了大钱的工作！"

部分的原因在于，在荷兰不管是哪种行业，通常都需要几年的训练，结训后还要考执照，拿了执照才有机会在那一行求职。以水电工来说，虽然证照不是绝对必须的条件，但因为水电工作需要一定的知识与专业，大部分的建筑公司基于安全考量，不会聘雇没有专业证明的技工，所以多数的水电工人还是会考证照的。

荷兰的水电技师得接受三到四年的训练才能出师，在相关的科系中，学生会学习如何安装建筑物中的暖气系统、确定燃气炉的安全，以及确认家里的水管是否通畅等。除了这些技术，水电工也需要相关的计算机知识，因为最新的暖气系统是通过计算机控制的，加上水电工通常都是自己当老板，所以也需要学一些创业跟管理方面的知识。

听完上述介绍，相信大家可以明白为何水电工这个行业受到社会的敬重，而建筑业也对水电专业人士有一定的要求。久而久之，就算是外行的一般客户也认识到，家里水电有问题不能随便找一个水电工人，而是需要一个有执照、有专业能力的水电技师，他们才是真材实料的专业人士。这也是为什么专业证照在荷兰受到的重视，不低于高等学历。

荷兰的经验参考：用制度改变思维，拉近贫富差距

除了肯定与认同各种行业的专业能力，荷兰还通过税制的设计，让不同教育程度的工作在扣税后，缩小实际的薪资差别。在荷兰，收入最高的人必须承受最重比例的税，收入低的人则可享受政府的各种补助。换句话说，荷兰政府要求有钱人付出较多，维持良好的公共设备，确保高质量及免费的基本福利与中等教育，帮助维持社会弱势的福利。

通过不同比重的扣税方式，荷兰高等教育程度的工作，名目薪资在扣税前看起来比低教育程度的工作来得多，但扣税之后，高收入者付出较多，低收入者相对地不用缴那么多税，贫富差距也因此拉近了。

再加上荷兰的退休制度很完善，各行各业都能有退休的保障，每个人都必须把收入的一定比例投到该行业的退休年金，到了退休年龄，无论之前做什么样的工作，都会有退休金的保障。

荷兰通过税制让薪资重新分配，加上每种工作都有退休金制度，有钱人还是有钱，而低收入者也能维持合理的生活水平，还能确保银发族生活无忧。长远地看，不论学历高低，生活都会获得保障，父母也不用担心万一孩子没念大学，未来的日子会过得很苦。

像我表哥的例子，从中学开始表哥去念HAVO／VWO的综合班，我去念VWO，但随着中学功课变重，表哥渐渐无法负担，在班上也跟不上同学的学习进度。阿姨怕表哥太有挫折感，失去对学习的兴趣，宁愿让他主动从HAVO"降级"到VMBO，慢慢跟上进度。后来他高等教育念了一间类

似体专的学校，最后又顺着自己的兴趣转学到警察学校，一路虽然充满波折，最终还是找到了自己的兴趣。

　　虽然表哥书念得没有我好，但说真的，当一个好警察的难度实在不亚于大学教授，除了体能外，每天还得面对各种疑难杂症，确实是不简单啊！阿姨面对孩子学习进度落后，不但一点也没有感到失望，还以正面鼓励的态度引领孩子，为这个社会培养出了一个很有贡献的好警察，不管是母亲还是儿子，都应该感到骄傲！

荷兰学生在教育体系内的日常生活

中国父母:"中学正是拼课业的重要时期,孩子应该心无旁骛地专注学习。"

荷兰爸爸的真心话:"课业当然重要,但给孩子空间安排生活,他才会懂得为自己负责。"

Case 18 外甥女在荷兰的中学生活

我的外甥女今年14岁,一直以来对她小舅跟舅妈在中国台湾地区的生活很感兴趣,每次回荷兰,话题常围绕我们在中国台湾地区的生活,当我反问她最近好不好、学校功课怎么样、有没有新的暗恋对象时,她忽然叹了一口气:"哎呀,最近可真忙啊!"

我吓了一跳,我以为荷兰的孩子是世界上最快乐、最没有压力的孩子,不仅上课时间短、考试不多,升学压力也很小,难道这个印象是错误的吗?

为了详细描述她究竟有多忙,外甥女跟我分享了她一个礼拜的行程。外甥女每天大概七点起床,快速吃完早餐,洗个澡就准备上学。她们家总共有五个孩子,每个都需要在同样时间准备出门上学,每天早上她们家都像打仗一样混乱，厨房、浴室外面大排长龙。

　　她八点出门，骑脚踏车到五公里外的中学上课，每天八点二十五分准时开课，一个礼拜总共上三十一个小时的课。依她的描述，我觉得荷兰中学现在课程算是很多元化，除文理的重要科目外（像数学、物理学及化学与生物学），还有社会科学（历史、地理、宗教与哲学）跟体育及艺术课程。比较特别的是，每个荷兰中学生都要学四种欧洲当代语言，除了三个小时的荷兰文跟四个小时的英文之外，外甥女每周还会各上两个小时的德文与法文。她因为比较会念书，学校又帮她安排了各两个小时的古典拉丁文与古典希腊文。

　　荷兰中学生要学那么多语言的理由在于，荷兰土地少，资源不丰富，经济命脉高度依赖国际贸易，很多工作都必须跟"外国人"沟通，这样的需求也反映在中学的课表上，希望通过语言的相关教育，让中学生建立更开阔的世界观。

　　她每天三点或三点半放学，回家后喝个茶吃个点心，这是她稍微可以喘一口气的时间。虽然三点半下课听起来很轻松，但学校每天会安排需要两个半钟头才能完成的功课，要求中学生回家后自律完成。如果遇到考试前后，就会花更久的时间。

荷兰父母这样想

孩子应自主完成家庭功课，对自己的学业负责

　　对比中国台湾地区中学生的生活，我想上课的时间差异不大，但许多

中国台湾地区的学生下了课不是直接回家，而是去安亲班①写功课或上补习班，荷兰式教育则是采用"自己的功课自己主动写"的精神，大部分都是在家里写完功课。

不过，荷兰最近十年来有越来越多的学生在补习班或安亲班接受"特训"，荷兰每年有二十万名考中学毕业考的学生，大概有三万到四万人会去补习班恶补，这个比例在过去十年里一年比一年高。虽然荷兰补习班与安亲班市场最近几年快速成长，但跟中国台湾地区不一样的是，这七分之一的学生去上安亲班和补习班，是因为真的跟不上学业进度，也无法吸收新课程，跟中国台湾地区人人补习的情况还是有些不同的。

外甥女说她几乎每天都在晚餐前完成功课，我问谁会检查她的功课呢？她说父母很相信她，学校老师也没有特别严格。要是天天偷懒没写功课，总有一天会反映到成绩上，成绩一开始有下降的趋势，父母与老师就会检查得比较细一点。孩子有没有写完功课是他自己的事情，若没写完成绩变差，也要由学生自己负责。

大小考试不能少，荷兰中学生一点也不轻松

荷兰中学生写功课，主要是为了练习与复习课本的内容，学校也会用考试来测试学生的程度。外甥女的考试其实很多，每个科目教完一个章节后一定要大考，这当中至少会有一次小考，平均每隔一两天就会遇到一个考试。

---

① 中国台湾地区的安亲班着重于6~12岁的小学儿童放学后的家庭作业写作和课业辅导、团体活动、生活照顾、亲子关系、才艺教学的有效规划。

另外，每年有三到四次的"大考周"。那一周她完全不需要上课，但每个科目都会有一个大考，一周总共考十一个科目，每天至少两个大考，"大考周"可以说是中学生活中压力最大的一段时间。

不过有那么多考试也有一个好处，因为每次考试只占总成绩很少的比例，一次考得不理想，不会对总成绩影响特别大。荷兰中学生跟中国台湾地区的初中生和高中生一样也常常考试，但考试的气氛并不像中国台湾地区那么紧张，**荷兰学校利用许多大考小考降低每次考试占的比重，一次考不好的话总还是有弥补总成绩的机会。**

晚餐结束后，外甥女一天的行程却还没结束。她每个礼拜一晚上都会自己去足球俱乐部练球一到两个小时，周六一定会参加足球比赛，也得花上大概半天的时间。每周有一天晚上得上钢琴课，礼拜三晚上全家去教会礼拜。另外两天晚上就算是休闲时段了，她通常会在礼拜四或五晚上去找朋友玩，另外一天则在家里看书或练习钢琴。

> 荷兰父母这样做

给孩子独立空间安排忙碌的生活

——给家里的中学生较多责任，让他们懂得负责，也懂得接受失败

听完她一周的生活后，我有几个感想：

第一是外甥女还真的挺忙的，学校课程与功课几乎用尽她白天的时间，运动、音乐或休闲活动都得等到晚上才有时间；不过她的行程也很平衡，有学习也有运动，有助于平衡头脑的思考与体适能的发展，也有经

营休闲活动、培养自己兴趣的时间，她也认为自己的生活很充实，挺令人满意。

第二是外甥女虽然年纪还很轻，但她周边的大人给了她很多独立的空间，要求她自己负起责任。外甥女都是自己骑脚踏车到学校、足球俱乐部或朋友家，不需要大人接送，父母亲或老师也相信她会自己完成功课。我认为姐姐姐夫之所以给她这么大的自由，是想把外甥女培养成独立的大人，让她慢慢接受越来越多的责任，学习如何对自己的人生负责。

最后，外甥女的生活不只围绕着学校，其他的社群也扮演了重要的教育功能。例如足球社团提供了青少年发展体能的机会，而上教会不仅是为了宗教信仰，也有社交生活的目的。由此可知，在荷兰，学校是学生很重要的基地，却不是唯一的教育场合。

从荷兰教改看教育的终极目的

中国父母:"教育改革怎么越改孩子的压力越大呢?"

荷兰爸爸的真心话:"中国台湾地区在教育改革的路上,也许可以参考荷兰如何训练年轻人,取长补短。"

Case 19 "博学多闻"的中国台湾地区学生

我跟我太太是在中国台湾认识及交往的,所以当她第一次来欧洲找我的时候,我便想好好跟她介绍欧洲的文化。我们策划了一趟小旅行,我带她去参观比利时安特卫普最大的教堂,为了展现我博学多闻的一面,便开始跟太太解释教堂内的基督教画作,正当我沾沾自喜自己是个好导游时,太太却转头对我说:"干吗跟我讲一些人人都知道的常识啊?这些我初中就学过了!"我的满腔热血立刻被她的白眼浇熄。

在荷兰,中学的历史或地理课重点大多放在我们生活的地方,对亚洲的认识多是放在欧洲的殖民史中,并没有深入解释以亚洲为主体的亚洲历史。虽然荷兰东印度公司占据过中国台湾地区几十年,但一般中学课本"台湾"这个词出现的概率其实很低,多数荷兰人也不晓得我们的祖先曾经造访过这里。基于这样的经验,我以为我太太在中国台湾地区所受的教育也只是特别关注亚洲,没想到她对世界历史的认识远超过我的想象。

到中国台湾地区一阵子后,才发现台湾的中等教育好像无所不教,什么科目都教得又深又广,补习班还会教更多"课外"知识,以免考试出现课外题,学生也因此个个都很"博学多闻"。

在这种教育体系下生活,学生好像无时无刻都要念书,小学生熬夜到晚上十点才写完功课也不是稀奇的事。

难怪中国台湾多年以来都在探讨如何改革中等教育,中等教育内容到底要教什么东西,才能帮助孩子面对未来的挑战。

荷兰其实也是这样,教育向来都是全国关注的政策领域。为了应对知识经济时代的到来、全球化浪潮还有欧盟科学政策,荷兰从二十世纪九十年代初便开始了一连串的教育改革。

一九九三年荷兰第一次教改:强调基础生活教育

荷兰中等教育的改革,分成两个阶段。第一个阶段从一九九三年开始,改革的对象主要是中学前两三年的课程内容,因为荷兰中等教育分为好几个等级(即114页介绍的VMBO、HAVO、VWO),分级后学生的学习内容就分道扬镳,所以刚开始大家一起上的预备课程非常重要。当时的荷兰政府希望在预备课程中提高中学生日常生活的能力与对荷兰社会的认识,相关课程包含荷兰文、英文、地理、历史、经济、生物、物理与化学和数学,孩子在这些共同科目的基础打稳了,之后适性发展也会比较容易。

同时，此次教改也创造了一些新的科目，像艺术史、戏剧、科技与技术及计算机信息等，其中最实用的或许是"个人照顾与卫生"。学校教导中学生如何照顾自己，维持个人与家庭卫生，避免喝酒、吸毒、吸烟以及不安全的性行为等，教育体系通过这些课程，培养出可以独立生活的个人。我便是在这门课中第一次认识各种性病的征兆，也学到了一些煮饭的技巧。

在我看来，这些新科目的目的，是要**确保每一个荷兰人具备日常生活的基本能力**，而且男女生都要上这些课程，男生要学会煮饭，女生也要学计算机跟基础木工，有助于突破传统性别的刻板印象。我听说中国台湾地区以前会基于性别分开上课，女生上家政课，男生上军训课，后来也打破了这样的性别限制，应该是差不多的用意。

一九九八年荷兰第二次教改：培养自主学习的能力

第二次荷兰中等教育大幅度的改革发生在一九九八年，这次荷兰政府以中等教育最后的两到三年为改革对象，不过改变的不是课程内容而是教学的方式。引发这波改革主要有两个原因：

第一个原因是，政府认为未来在劳动市场中，最关键的能力不再是"个人知识"的多寡，而是如何在一个复杂与多元的知识体系中"选择并使用对的知识"。教育的关键不应该是通过填鸭教育增加知识，而是培养学生有能力独立找到问题、思考及判断问题的重要性，以及理解信息的能力。

第二个原因是，来自荷兰高等教育界长期以来的反弹。跟中国台湾一样，中学生进入大学后，面对高等教育主张的"自由"与"独立"学习，就像被放出笼的鸟儿一样，要是无法自律且有系统地自主学习，很快就会跟不上课程，所以荷兰有许多大学与科技大学的学生第一年成绩不及格，更别说许多学生因此延迟毕业好几年，国家也浪费了许多高等教育的资源。

所以这次教改的重点着重在于要求学生主动追求知识，政府减少老师讲课的时间，通过让学生自己选择有兴趣的主题写研究报告，增加对某一个议题了解的深度。这次改革中，老师扮演的角色不再只是知识的传播者，相反地，由学生当自己的老师，学校教师的工作则是确认学生的研究方向正确、引用好的参考资料，并让学生了解如何对各种信息做出正确且有效率的判断。

有趣的是，为了适应这样的改变，学校的硬件空间也相应做了调整。荷兰中学建筑物内本来只有教室，现在为了让每个学生有自己的研究空间，就装修了许多独立的工作室，成为学生的小办公室。我们把学校改称为"学习房子"，因为现今的学校已经变成了一栋让学生自主学习的建筑物了。

最新教改提案："二〇三二计划"重视学生独立追求知识的能力

总结荷兰教改的核心理念，就是把重点从教育的"内容"，转为培养关键"能力","学什么"不再是中学生活的重点,"怎么学"才是荷兰年轻人在中学这个阶段需要学习的能力。

不过,几年下来,政府也一直在评估检讨前两次教改的成效。二〇一四年荷兰教育部副部长宣布"二〇三二计划",以二〇三二年为目标重新审视荷兰的教育内容。政府通过跟中等教育体系内的人(包括老师、家长、校长等)沟通对话,探讨未来的中学生到底要学些什么东西。

这次中等教育的改革更重视学生自己独立追求知识的能力,希望学生除了必修的荷兰文、英文、数字技术及荷兰社会课程外,其他的领域都需要自己教导自己,自主学习。也就是说,荷兰政府将更强化独立学习的精神,同时加强未来中学生在数字技术上的能力,以提升国家的竞争力。

三次荷兰教育改革的反思

从二十世纪九十年代开始,荷兰教改已经改了三轮,到底对教育的质量产生好或不好的影响,实在难以论断。我一方面觉得,在快速变化的世界中,让学生学习如何找资讯,并具备独立分析、批判跟思考的能力非常重要。但话说回来,如果没学到基本的内容,又怎能马上学会批判跟思考呢?这就像是要连走路都还不会的孩子学会跑一样。对各领域都还没有基础认知的中学生,真能够完整地思考与判断吗?

中国台湾地区许多人讲到中等教育,都对填鸭式的教学法很不以为然，但这种百科全书式的教育方式，对荷兰或许有些参考价值；同样地，中国台湾地区在教育改革的路上，也可以参考荷兰训练年轻人培养独立批判思考的方式，取长补短，相互为师，这不正是教育的意义所在吗？

社团活动也是荷兰学生重要的教育场合

中国父母:"让孩子参加社团,可以帮助他多元发展,提升课业表现。"

荷兰爸爸的真心话:"荷兰年轻人借'玩社团'学习人生,发展兴趣,培养团队生活的能力与合作精神。"

Case 20 孩子参加社团,为的是提升课业表现还是为了"好玩"?

刚来到中国台湾念博士班时,我假日会在台湾几个小学当足球教练,教小学生踢足球。我自己从小就很喜欢踢足球,看到学生们走出冷气房,喜欢上踢足球,"玩"得也开心,让我这个教练很有成就感。

不过,台湾的父母好像觉得踢足球有点不务正业,每次球队要招募新生的时候,五六年级一定会有家长因为"课业理由",不再让孩子继续参与这种跟成绩无关的社团,更别说"踢足球"也算不上什么才艺,其价值大概就是让孩子运动而已吧。

还好我们的总教练很厉害,为了招生,他用一套说法说服家长,让他们相信踢足球是孩子课业成功的第一步。根据总教练的说法,踢足球会帮助孩子神经系统的发育，可以让孩子大脑转得比较快，不只促进他们的认知发展，也可以提升他们课业上的专注力，会踢球的孩子成绩不会差。果然，只要牵扯到成绩进步这件事，父母就比较买账，招生也容易些了。

我后来发现，这种说法在台湾很常见。我最近也看到运动中心试着说服企业老板让员工来运动的倡导海报，洋洋洒洒写了运动可以提升工作效率的一百个理由，像"运动的员工专注力较佳""运动的员工可以完成更多任务""运动的员工比较少生病，也比较少请病假"等。

台湾地区的孩子参加社团，为的是要提升课业表现，大人要运动，是为了工作上更有竞争力，这种有目的性的运动精神，跟我从小为了"好玩"而运动的态度，完全不同。

> 荷兰父母这样想

社团活动是荷兰孩子成长过程中第三重要的场合
——参加社团是多数荷兰人的成长回忆，也是社会发展的重要方向

我对运动的想法跟中国台湾地区的家长很不一样，也许是因为荷兰的运动与社团生态跟中国台湾地区非常不同。中国台湾地区的学生社团多数在学校系统下运作，像我任教的足球社团，就得先经过学校同意才可以在学校的场地开课，而对课业学习有好处的社团，也比较容易获得学校支持。

在荷兰，休闲活动相关社团大多是独立的非营利组织，场地与经费安排通常比较依赖当地政府的协助，要响应的也不只是"提升学生成绩"那

么简单，会更加有社交取向，像是强化邻里感情、让当地人享受休闲活动乐趣、提升该地区健康指标等。

政府之所以愿意资助社团需要的经费与场地，是因为社团是社会发展的重要因素，而参加社团更是荷兰多数人的成长回忆。根据荷兰统计局（CBS）二〇一五年的报告，荷兰八成的总人口至少参与一个"社会性社团"，这些社团除了休闲社团外，还包含"消费者协会""工会"以及"政党"。进一步探讨就会发现，荷兰大概有三分之一的人参加"运动性社团"（像足球社、篮球社等），一成的人参与"兴趣性社团"（像合唱团、乐团、火车模型社、集邮社等），另外还有一成的人会参与"文化性社团"（像博物馆协会等）。

单看未成年人参与社团的数字，可以发现绝大部分的年轻人都会参与社团，譬如荷兰皇家足球协会在"Winnaars van Morgen（明天的赢家）"的政策报告中分析荷兰运动文化，指出94%的小学生通过参加社团来运动，中学生参与运动社团的比例高达81%。也就是说，荷兰学生几乎每个人都有所属的社团，除了学校与家庭，社团活动是荷兰孩子成长过程中第三重要的场合。

> 荷兰父母这样想

年轻人借"玩社团"学习人生，发展兴趣，培养团队生活的能力

不过如果社团跟课业成绩无关，荷兰年轻人参加社团，到底会学到些

什么呢？为什么荷兰人那么迷社团活动？

最热门的社团是运动社团与音乐社团，宗旨当然是教年轻人运动技巧跟音乐才艺。对于年轻人来说可以发展兴趣，而还没有找到兴趣的人也可以通过参与社团，探索自己的兴趣所在。**荷兰人从儿童时期开始就学到发展兴趣的重要性，无论日后工作压力有多大，多数人都可以从参与社团活动中纾解压力。**

更重要的是，因为社团通常是团体性的活动，参加社团也可以培养群体生活的能力及团队合作的精神。比如说，若参加的是足球社团，一定会有十几位队友，每个礼拜跟他们练球一两次，周末也会与其他社团的人比赛，为了要赢球，大家还要花时间培养默契、配合战术。戏剧社也一样，为了准备表演，每一位演员都需要练习好自己的角色，也要跟其他的演员对戏。这么长时间的相处，又有共同的目标，社团内的队友也常常会成为彼此的好朋友。

参与社团会让人培养出团队合作精神，让荷兰人了解到生活不是一场独角戏，通过合作才能让大家玩得更尽兴。

荷兰父母这样想

通过社团服务的过程，让孩子学习领导的能力

社团参加久了，通常会被要求担任干部协助办一些活动，像我自己之前参加足球社团，社长后来就请我帮忙当小区小朋友比赛的裁判。我的队友中，有的当小朋友的球队教练，有的担任管理职位，负责规划整个足

球社团的经营策略。社团通常也需要义工，义工除了服务社团外，也可以通过服务的过程，学习到领导的能力。荷兰社团系统就像是迷你的民主团队，可以说是荷兰民主体系的缩影。

更重要的是，参加社团的人会对自己生活的社群有更深的了解，通过社团活动，大家对邻里的态度不再像是陌生人，而是需要互相照顾与关心的生活伙伴。因为大家参加的社团都不一样，所以参加社团能让人学习与了解怎么尊重生活中不同阶级、不同宗教、不同文化背景的人。对荷兰父母而言，孩子参加社团也许不会对课业成绩有直接的帮助，也不像才艺班会让孩子变成钢琴大师或第二个毕加索，但孩子却可以从中学到团体合作的精神、结交互相扶持的朋友、懂得尊重多元文化跟民主的精神，这样的学习，难道不值得鼓励吗？

荷兰的社团活动谁买单？
政府与人民携手打造的教育环境

中国父母："为了培养多才多艺的孩子，多花一点钱也要让孩子上才艺班。"

荷兰爸爸的真心话："荷兰社团的前线都是志愿者，义工的奉献对推动荷兰社团活动极为重要！"

Case 21 2岁女儿的才艺班费用高得吓人

记得女儿刚满2岁的时候，不再是个满地爬的宝宝了，我们发现她对音乐很有兴趣，每次听到喜欢的歌，就会开始扭来扭去地跳舞，也已经认识了不少歌的歌词，无时无刻都可以高歌，实在很可爱。除了可爱，我们夫妻也觉得既然女儿那么喜欢音乐，那就让她上一些音乐课程好了。

不过，寻找合适课程的过程中，我们夫妻被"高贵"的价格给吓傻了！台北任何一个才艺班，一个小时大概五六百元。如果老师能用英文教学，这个数字就要再翻几倍，2岁孩子的音乐班不就是放放音乐，让孩子接触简单乐器、律动一下吗？扣除老师的教学费、场地跟维持补习班的营业收入，怎么算也不会是这种价格。

尤其我在荷兰出生长大，荷兰大部分的孩子从小参加社团，上一些运动的课程，或是学一些乐器，但父母在这方面的花费并不像中国台湾地区的那么高，根据ING银行①二〇一四年的"家庭预算分析"，每一个荷兰人平均一年的"运动花费"大概是三百五十欧元，约合人民币大概两千八百元。

荷兰人一整年在运动上的花费，只能让我女儿在中国台湾地区上三十个小时的才艺班，每个礼拜上两个小时的话，四个月不到就花光预算了。

从这些数字可以看出，相较于荷兰的才艺课程，中国台湾地区的才艺班真的很贵，但反过来看，也可以说荷兰的运动社团很划算。那么荷兰到底是怎么维持这些兴趣类型的社团呢？

荷兰非营利社团VS.中国台湾地区的营利性才艺班

在荷兰，政府认为国民运动是一件很重要的事，自然也会愿意投资业余运动的软硬件设备，为国民维持一个好的运动环境。根据Mullier运动社会科学研究中心二〇一五年的分析报告，荷兰地方政府每年在运动软硬件上投资十二亿欧元（约人民币九十六亿元），平均每年在每人身上投资了七十五欧元（约人民币六百元），以维持国内整体良好的运动环境。

投资硬件是指地方政府建设运动场地，像简单的体育馆、游泳池、足球场等，有点像台北市各行政区的运动中心。不过荷兰地方政府除了自己

---

① International Netherlands Groups，是由荷兰最大保险公司(Nationale-netherlanden)与荷兰最大的邮政银行(NBM)合并而成，是全球排名第11大的资产管理公司。

花钱建设及维护运动场地外,为鼓励民间非营利社团,也会提供低于一般房市的租金行情给运动社团,通过优惠租金的方式,增加国民在运动上的多样性。

加强软件建设也是政府一大目标,同样也是用补助的方式鼓励国人运动。譬如当政府发现运动可以提升老人的生活质量,也能减少医疗的费用时,便整合两大产业资源提供一系列的补助,鼓励运动社团为老人设计运动课程。此外,政府为了鼓励过胖的国人运动,也设立了一些补助款来协助没钱报名课程的弱势团体。

除了大量依赖政府的补助,运动社团也会跟当地企业合作,比如由企业赞助球队队服,对大企业来说可能只是小钱,但弱势家庭便可以因此省下一笔钱。

中国台湾地区的才艺班都是营利公司,完全是市场机制决定的,但是在荷兰,政府可以担任控管的角色,帮忙压低运动社团的成本,这样一来,应该不难理解为什么中国台湾地区的才艺班如此昂贵,而荷兰的运动社团如此划算。

荷兰社团前线的人员都是义工

不过,荷兰运动社团的价格比中国台湾地区便宜的原因不只是政府的补助,另一方面也是因为非营利运动社团不是靠"员工"来经营,而是以"义工"为主要维护者。

上一个章节提到我自愿在足球社团内当裁判,每周六早上得早起上球场,平时还好,但在冬天真的非常痛苦,不过荷兰人因为小时候都参加过社团,看到大哥哥大姐姐当义工,也会觉得自己以后要回馈。

当裁判算是小事,每一个礼拜顶多花一两个小时,我在足球社团踢球踢了十二年,几乎每一位教练都是义工,每一队的队长也是志愿帮忙的家长,他们每个礼拜得花上四五个小时的时间陪队,更别说比赛或是参加活动时付出的心力了。

此外,也有一些人担任行政性质的义工,因为他们的付出,才能维持社团长期的经营。譬如我参加的足球社团,就是靠着一群叔叔伯伯维持场地的质量,暑假没有比赛时他们会维护新的草地,平常则要维持场地不受破坏,真难想象在没有薪资的情况下,他们能这么有毅力地付出。

但对他们来说,自己居住的小区可以有支球队,或是有良好的运动风气,也是提升生活质量跟健康的好投资,就是这样的心态,让荷兰的义工文化兴盛起来。

相较之下,中国台湾地区的才艺班的老师全都是有执照的专业人士,才艺班必须付他们薪水,荷兰的社团可以省"员工"的薪水,是因为这些人都是在下班后自愿帮忙。也许义工无法像才艺班老师那么专业,但是荷兰的运动社团机制,可以让每个小朋友在安全的环境中体验运动的乐趣,这样的乐趣不会因家庭环境或经济能力有所差异。

荷兰社团近年的危机：越来越少的人愿意牺牲自己的时间

如果小区内就有一个安全的地方可以让孩子跟同学一起体验团体生活和运动的乐趣，又不会花太多钱，确实是很理想的。但真要在中国台湾地区成立这样的社团，我相信会碰上许多困难；在中国台湾地区上班打卡制下班责任制的文化之下，谁会有时间牺牲自己宝贵的休息时间，为其他人经营义工社团呢？

这个问题，也刚好是荷兰社团最近十年碰上的新危机，金融危机后，劳动市场越来越不利劳方，荷兰社会又逐渐出现个人化趋势，有时间跟意愿服务小区的人越来越少，这样的现象也令人担心荷兰的业余运动环境与文化还能维持多久。

虽然荷兰社团正面临义工短缺的问题，但还是在教育体系扮演非常重要的角色，荷兰绝大部分的小学生与中学生通过参加社团的休闲活动培养出自己的兴趣。孩子在社团学习的不只是运动或才艺本身，更可以体验到社群的团结精神，也能累积一些领导的经验。

更重要的是，从小培养对运动与才艺等休闲活动的兴趣，这些一辈子的兴趣通常是家庭与学校比较难培养的，从这一点来看，社团确实是荷兰式教育不可或缺的第三要素。

【专栏】
人口只有一千六百万的荷兰，如何让自己成为运动大国？

二〇一五年我跑到台中地区看十二强棒球赛中国台湾对荷兰的比赛，全体观众中大概只有我朋友和我两个荷兰人，其他都支持中国台湾队。

棒球是中国台湾主要运动之一，只要看在台中地区洲际棒球场看比赛的人数，及大家热烈地在FB转贴棒球的新闻，就可以看出中国台湾地区的人们真的很迷棒球。

荷兰棒球的状况却很不一样，十二强棒球赛的讯息几乎不会上新闻，比赛结果只会刊在报纸很后面的页数，相对其他运动，荷兰人不太在乎国家棒球队的表现。

"荷兰皇家棒球与垒球协会"成员数一直没有超过两万五千人，相较于荷兰最大的运动协会——成员数超过一百二十万人的"荷兰皇家足球协会"，棒球在荷兰不是特别受欢迎的运动。

荷兰国家队在国际棒球赛事中打赢中国台湾队，真是让我们百思不解，充满棒球狂热、人口两千三百万人口的中国台湾地区，对上不在乎棒球、人口也只有一千六百万人口的荷兰，荷兰是凭什么赢的呢？

【专栏】人口只有一千六百万的荷兰,如何让自己成为运动大国?

在荷兰,运动是全民都乐于参与的活动

其实,荷兰不只在棒球方面成绩很好,在世界上最大的运动赛事(足球世界杯、夏季奥运会以及冬季奥运会)都表现得相当不错。

这么小的国家,怎么办得到呢?真的是值得思考的问题。

在我看来,荷兰虽然人口少,但在运动界,却是个"运动大国",荷兰政府每年都很愿意投资运动,但大部分的投资并不在职业运动选手上,而是在业余运动,特别是未成年学生的业余运动上。

通过投资好的运动设备,支持举办业余运动的义工,荷兰政府希望鼓励小学学生多多运动,希望帮他们找到一辈子可以热爱的运动。根据荷兰运动研究单位Mullier Institute的统计,荷兰全国有大约两万四千个业余运动俱乐部,平均来说每七百个人就有一个运动俱乐部。

以我成长的小镇来说,全镇人口只有六千人,却有足球、网球、游泳、柔道、桌球、羽毛球、排球、溜冰以及体操的俱乐部,小孩的运动选择非常多元。

政府之所以鼓励小学生运动,是希望帮孩子培养健康的生活习惯,让他们喜欢并习惯常常运动的生活,也希望小孩长大之后能维持这样的生活方式。

当然,政府的考虑不只为人民好,也希望可以通过运动的政策来控制未来医疗的费用。政府的理想是让小孩喜欢运动,让运动变成他们生活的一个部分,孩子长大后自然而然地继续运动,避免发展出一些跟生活方式

有关的慢性病，也预防孩子长大后大量地消耗医疗资源。

运动能让孩子学到学校无法学习的宝贵能力

除了政府的支持，很多荷兰父母也认为小孩可以通过运动学习到一些学校无法学到的东西。孩子通过运动不只可以学习到合作，在球场上孩子也可以在他们熟悉的环境学习如何处理输球的挫折，以及学习对方优点的体育精神。

如此丰富的业余运动环境，配合职业与半职业的运动环境，有运动天分的人就能往上发展，不断进步成为世界级的运动选手。这些运动选手因为受到大众的尊敬，可以变成鼓励小孩多多运动的人物，开启全民运动的正面循环。

因为大家都参与运动，使得职业运动变强，因此可以训练优秀的选手，进而再鼓励更多人投入运动。我想，这正是荷兰在运动界表现优异的原因。

Part 4

荷兰爸爸的
文化观察

这部分是我对荷兰成人亲子关系及中国台湾文化的观察,
是我来台后经历的文化大震撼与思考,
提供读者们对孩子成年后亲子关系的另一种参考与可能性。

父母为何要反对儿女的感情选择？

中国父母："儿女的事就是整个家族的事，当然要得到家长的允许。"

荷兰爸爸的真心话："父母要相信你这十几年来的教养过程中教给孩子的价值观，相信他的判断和决定。"

Case 22 "高富帅"的外国白马王子，却被中国父母拒绝

我和太太相识于二〇〇六年，那时候的我第一次来台湾，陷入热恋后，两人很快决定要认真稳定地交往，但太太对她父母的态度很迟疑，担心父母不接受女儿跟我这个阿兜仔交往，迟迟不愿告诉爸妈我们交往的事。

我们交往了一年多，太太的其他家人都已经认识我，但对于见父母，还是走一步算一步，能拖就拖。直到某天，太太姐夫的妹妹不小心说溜嘴，就这么被爆料了！

正当我们心里七上八下，我岳父只问了女儿一句话："那么，你打算何时介绍我们认识你'那个朋友'啊？"既然已经"东窗事发"，这个阿

兜仔男友与中国父母的见面会看来是非办不可了，我在二〇〇七年的暑假正式认识了我未来的岳父岳母，虽然一开始气氛尴尬，大家不太知道要说什么，但我们从那天晚上慢慢认识彼此，渐渐培养起一家人的感情。

我刚来到台湾没几年，傻傻地以为每个中国父母都像我岳父岳母一样开明，没想到原来我是特例。

我有一个好朋友，人帅聪明品格好，念的是名校的好科系，完全符合"高富帅"条件，在荷兰基本就是个白马王子，而且非常专情，为了女友来台湾努力学中文，希望打破文化差异融入当地生活。我一直觉得，他女友的父母应该开心宝贝女儿眼光好，遇到那么好的交往对象，真是难得的缘分！没想到，女方父母却因为女儿的男友是外国人而完全拒绝接受，连面都没见过，就要求女儿跟她的梦幻男友分手！

为了挽救情势，小两口安排了一场聚餐，希望用诚意打动未来的岳父母，朋友当天穿得特别正式，也很努力找话题，但不管他怎么努力，女方父母总是冷淡以对，而这样的态度并没有随着他们交往日趋稳定有所改变，女方父母还是一直因为我朋友是外国人而要求女儿分手。

荷兰父母这样想

孩子是父母心血的结晶，要相信他基于你身教言教做出的决定

我原以为上述中国父母的恐惧，是来自社会对于"CCR"（Cross Cultural Romance，跨文化恋爱）或是"外国鲁蛇(Loser)"的偏见，但渐渐

父母为何要反对儿女的感情选择？

地我发现，孩子即便与中国台湾地区的人交往，也常因为各种因素受到父母阻挠，比如交往对象的社会地位不够高（不门当户对）、念的科系不理想（未来找不到好工作）、赚的钱不够多、没房没车、是独生子有传宗接代的压力等，他们拒绝接受孩子在感情上的选择。

即使是我太太，也一天到晚担心，要是女儿以后交了一个男友我们都不喜欢怎么办。（我女儿现在3岁半，这种"天下父母心"的内心戏，爸妈也是一演演了十几二十年啊。）太太为了那么久以后的事情烦心，让我回想起我妈曾经和我们分享的一个故事。

我表弟17岁时，正值叛逆期，不喜欢念书，也不想升学，成天无所事事，老师和父母的劝告也听不进去，正当姑姑挫折万分时，我妈安慰她："现在儿子也许不太愿意听你的话，但你要相信这十几年来的教养过程中，点点滴滴的累积跟传达给孩子的爱，你教给他的价值观是你多年来的爱心投资，也许现在在他身上看不到，但长远地看，这样的投资一定会有收获！"

几年过去，表弟现在20岁了，有一天他决定不能再这样浪费生命，渐渐觉得父母给他的建议是有智慧、有道理的，生活也逐渐上了轨道，还真的印证我妈说的话。

每个父母培养孩子，都希望孩子从什么都不懂的小朋友，成为一个可以自己思考、独立做选择的大人，在这条教养的漫漫长路上，父母有十几二十年的时间，给孩子充分的爱与陪伴，也有很多机会传递自己的身教与价值观给孩子。

孩子都是家长呕心沥血培养的成果，他们是父母的爱跟价值观的继承者，难道我们不应该对自己的心血有信心吗？怎么还总是扯他后腿，不愿信任他基于你的身教言教而做出的判断跟决定呢？

也许中国台湾地区的父母可以参考我岳父岳母的智慧，当女儿把一个家伙带回家给父母认识时，相信孩子自己的判断，请人家吃一顿饭，给大家认识彼此的机会吧！

荷式婆媳关系
不看结果看过程，肯定彼此的用心

中国父母："媳妇应该孝顺公婆，在老人家面前有好表现。"

荷兰爸爸的真心话："荷兰的公婆与媳妇地位平等，双方对于维持家庭和谐有同等的责任。"

Case 23 台剧的惊世婆婆和惊世媳妇

每年过年我们夫妻回娘家的时间都比较长，通常初一到初三都在娘家，每次回娘家，我太太老是会说："幸好没有嫁给台湾人，不然这时候当人家的媳妇，一定会被婆婆要求下厨做牛做马，侍奉一堆长辈，一年工作那么辛苦，过年连放假也无法休息，真的很辛苦呢！"

看过台剧的人，脑中应该立即浮现婆婆尖酸刻薄对待媳妇的画面吧！任何跟家族有关的台剧，都会提到婆媳关系，这种连续剧的剧情应该可以分成两种：

一、媳妇没有按照夫家的期望，好好地相夫教子，婆婆看到儿子结婚后工作辛苦就算了，还要处处被老婆管，实在很心疼，不知道怎么管教她的媳妇才好；

二、婆婆总是对媳妇提出一些不合理的要求，一天到晚跟左邻右舍嫌弃媳妇不孝，还怪媳妇肚子不争气，生不出儿子给家里传宗接代。

看到台剧的婆媳关系，才了解为什么我第一次带太太（那时候还是女友）回家时她的心情，当时我太太很紧张，不只希望可以讨好未来的公婆，还想要表示她会当一个好媳妇。

从来不做家务的女友，拜访未来公婆家时竟变了一个人

还记得第一天到我爸妈家吃晚餐的时候，才吃完饭，大家还开开心心地在聊天，我那平时不喜欢做家务的女友马上站起来，走到厨房开始洗所有碗盘，惊得我下巴都快掉下来了。在中国台湾地区时你明明都是用嘴洗碗的啊，随便下个"岱思，快去洗碗"的指令，我这台人体洗碗机就会开始运作，怎么到了荷兰忽然主动洗起碗来了。

当时我太太不知道的是，荷兰的婆媳关系跟中国台湾地区的大不相同，或许在最传统的台式婆媳关系中，是由公婆来判断儿子的另一半是否有资格嫁进来当家里的媳妇，荷兰的婆媳关系则是公婆与媳妇地位平等，双方对维持家庭和谐有同等的责任。换句话说，我带女友回家，我爸妈并没有在帮儿子的女友打分数，评估她会不会成为好媳妇，相反地，我爸妈担心的是儿子的女友会不会喜欢她未来的家人呢！原来两边都紧张得要死，只有我这个当事人过了十年后才意会过来。

荷式婆媳关系
不看结果看过程，肯定彼此的用心

基于这样的文化差异，也导致第一次带女友回家，她就很坚持要煮饭给我家人吃，当时我很疑惑：我太太在我们结婚之前几乎都不煮饭，为什么到了荷兰会很想要煮饭呢？

当天，光是去超市买菜就花了三个小时，到了家里，我想要帮女友洗菜切菜，但她很坚持要一个人准备以展现她的贤惠，原定六点的开饭时间，一直拖到八点！

在等待的过程中，我爸笑着问我："你女友没有很多煮饭的经验吧，不太会估计时间呢！"当时我也只能尴尬地笑，女友坚持一个人煮，让大家等那么久，肚子都饿了！

"没关系，"爸爸继续说，"我觉得她愿意煮饭给我们吃已经很棒了，相信她要准备的'神奇亚洲食谱'一定很难，我们等会儿一定会好好地享受！"

当天女友煮的饭果然很好吃，但吃完饭女友的心情不太好，好像对自己的表现很失望，她说："连简单的晚餐都不会煮，不知道你爸妈怎么看待这件事呢？"我花了一番唇舌，才让她相信我爸妈很感谢她的用心跟付出呢！

从荷式婆媳关系来看，公婆看到的是媳妇的用心，看到的是媳妇企图想要为大家准备丰富的美味晚餐，而不是吃晚餐的时间不理想；不过我女友从中国台湾地区媳妇的角度来看，担心的是公婆因为晚餐的安排不尽理想，而导致自己被扣分。

荷兰婆婆体贴未来媳妇的"亚洲胃",早餐特地准备热食

不过,在饮食上费尽心思的可不只是未来媳妇,未来公婆也花了许多心思!从我父母为媳妇准备的早餐也可以看出荷式婆媳关系的特色。在荷兰典型的白天饮食都以面包为主,欧式面包跟中国台湾地区的不太一样,较硬也较酸,而且都直接吃冷的。本来就不太喜欢吃面包的女友实在适应不过来,每天早餐跟午餐都吃冷冷的面包实在太痛苦了,加上天气又冷,连个热汤都没有,所以在荷兰期间的每一顿饭,我女友都很痛苦。

我妈观察到未来媳妇早餐几乎都没吃,担心她心情不好或身体不舒服,所以问我:"你女友应该吃不惯我们的面包,那么我们可以为她准备什么早餐吗?"因为女友平常跟中国台湾的上班族一样,都是到了办公室才吃早餐,荷兰又买不到蛋饼、萝卜糕等热食,我实在不知道怎么回答我妈的问题,我就说:"她早餐有时吃稀饭(欧洲真的没人理解稀饭的概念),有时吃蛋饼,有时吃一些水果,好像都不一定,但多少会有个热食。"

我妈听到我的解释,就说:"啊!那我知道了,明天帮她准备炒饭吧!"

隔天早上,我起床下楼到客厅,果然看到我妈在早上七点左右下厨准备了一大锅炒饭,再煎了两个蛋,很得意地跟她未来媳妇说:"这个炒饭很好吃,你一定会喜欢!"当天我女友果然眉开眼笑了起来,心里大概也帮公婆打了个好分数。

荷式婆媳关系
不看结果看过程，肯定彼此的用心

在我这个像联合国的家庭中，总需要在饮食习惯这种小地方不断做调整，不过在荷式婆媳关系下，这些调整也是认识彼此文化的好方法。荷式婆媳关系的重点不在于为对方做出什么样的牺牲，也不在于计较谁做得多、谁做得少，真正的重点是大家看到彼此的用心，共同努力维持家里的和谐气氛。看的是过程而不是结果，这才是维持荷式婆媳关系的关键！

转眼间十年过去了，女友成了太太，媳妇跟女儿之间的界线也不那么明显了。今年夏天我们回荷兰，我看到太太一进门就躺在沙发上，问她的公公："爸，我们家有什么吃的吗？"然后我爸赶紧烤了一个"热"三明治给她。看到这一幕，又回想起十年前大家的紧张兮兮，我想现在这种关系才是家人之间真正的自在吧。

为什么年轻人都不喜欢过年?

中国父母: "过年过节就是要全家团圆,这样才有过节的气氛。"

荷兰爸爸的真心话: "长辈有太多隐藏的期望,无法让所有人都满意,这种压力使得年轻人不喜欢过节。"

Case 24 当过年回家成了一种压力……

除夕前跟朋友吃饭,虽然九天年假才刚开始,但饭桌的气氛却有一点冷淡,大家没有特别开心,好像都有一种"唉,又要过年了"的感觉。

我的朋友这样跟我解释:"过年回家时长辈都会无止境地碎碎念,问一大堆问题,还没毕业的会被问:'什么时候毕业?'终于毕业的就会被问:'有没有找到好工作'有了工作的,长辈更会追问:'薪水多少?什么时候升官?'好不容易当上主管,却又会被问:'买房子没?薪水增加多少?你下面管多少人?'好不容易破了一关,亲戚们又开始追问下一关。"

"除了工作,长辈也会观察我们感情生活的进度,"另外一个朋友说,"从有没有女朋友,什么时候要结婚,一路问到什么时候生孩子,甚至何时生第二个,压力超大,年夜饭实在吃不下!"

太太和我听了朋友这样吐苦水都有一点吃惊,新年难道不是让大家好好放纵休息,回家几天专心吃饱睡好,跟亲戚联络感情的好日子吗?怎么会有年轻人不期待这个中华文化里最重要的节日呢?

当过年过节成了一种"义务",年轻人都讨厌回家过节

仔细想了一下,我发现荷兰最重要的节日"圣诞节"其实也有类似的现象,在荷兰,很多年轻人也不期待跟家人团聚过圣诞节。

十二月二十五日和二十六日是荷兰的法定假日,全国休息过圣诞节,除了传统的基督教教义(庆祝耶稣诞生)之外,其实跟中国过年庆祝的方式很类似,全家聚在一起,用超丰盛的晚餐把自己吃胖。虽然表面上看起来只有两天,但要是多请一两天假,把圣诞节跟除夕新年连在一起,几乎是一整个礼拜吃饱睡、睡饱吃的猪公生活,穿插与远方来的亲戚聊天等社交行程。

荷兰亲戚不太会问中国台湾地区长辈那种"你什么时候才加入人生胜利组"的问题,两国文化差异也很大,但为什么两个国家的年轻人都不太喜欢庆祝自己文化中最重要的节日呢?

也许长辈轰炸式的关心是一个理由,但进一步讨论下去,我发现年轻人们最讨厌的是一种非得参与家族活动不可的"义务感"。

朋友们抱怨,长辈要求他们"必须"在除夕当天几点前回家吃年夜

饭,初一"务必"跟家人用餐,初二女生"非得"回娘家不可。若不按照老人家的安排,总有些长辈会不开心,甚至演变成家庭战争。更困难的是,长辈们往往不太有话直说,拐弯抹角地暗示半天,晚辈只能自己摸索,担心猜错又要惹爸妈 / 公婆 / 岳父母生气。

天啊!单身的人得承受成家立业的压力,稳定交往的男女朋友或刚结婚的小夫妻又要因为这种家庭间的拉锯战头痛,过年期间,光是协调双方长辈的期望跟各个家庭间的行程,就不知道造成多少年轻夫妻的压力了,更别说见了面的穷追猛打。

大家安排过年的行程虽然都是出于好意,但因为隐藏了太多的期望,无法让所有人都满意。**长辈不说清楚自己到底要什么,而是期盼晚辈可以自己"揣摩上意"**,这种压力使得中国台湾地区的年轻人不喜欢过年,也令很多荷兰年轻人不期待过圣诞节,好像回家就只是尽一份子女的义务一样。

让年轻人感受到家人的爱而非"要求"或"义务"
——长辈清楚表达期望,给晚辈一点空间,晚辈也会了解背后的好意

虽然这个问题很普遍,但在我看来解决的方法却不难,就是把"内心的期望"改成"说出口的希望",让年轻人从"必须"回家过年变成"被欢迎"跟家人吃年夜饭。

首先长辈一定要让晚辈知道自己想要的是什么,我相信一旦长辈能直接表达自己的愿望,晚辈也会了解背后的好意跟关心。除夕吃年夜饭、初二回娘家等习俗,背后不就是一种关心和爱吗?若年轻人感受到的是家人

的爱而非"要求"或"义务",感觉一定好多了。

除了把期望说出口,长辈们也请给子女一点空间,让他们可以按照自己的方式安排行程,倾听他们这样安排的理由,而不是把孩子的想法看作是"忤逆""不听话""不负家庭责任",长辈应该也更能感受到这份孝心。

我很庆幸我的原生家庭跟太太家都是开明的家庭,充分尊重年轻人的安排,在中国台湾地区,每逢过年我岳父母总是亲切地问:"初二中午,有没有空回来跟家人一起吃顿饭,热闹热闹啊?"以前我在念书的时候,偶尔还会得到女友(现在的太太)家人的红包呢!我爸妈也从未抱怨为什么我们定居在中国台湾地区、每年只回荷兰一次,相反地,每次我们回欧洲过节,他们总是欢欣鼓舞地热情招待我们,好像捡到宝一样。这样的年节,谁不爱过?这样的家,谁不爱回呢?

> **荷兰爸爸的教养小提醒**
>
> 在荷兰,成年的亲子关系不再是垂直式的隶属关系,而是水平式的关系:
>
> 父母花了二十几年建立孩子的价值观,孩子大了,父母应该对孩子有信心,相信他们能做好自己生活的选择。
>
> 看待孩子为家的付出,应该看过程而非重视结果,孩子的动机远比他的表现来得重要。
>
> 父母应该把对成年孩子的期望直接说出口,也要尊重孩子自己的规划,这才是真正的相互尊重。

荷兰式的三代亲子关系
父母年老后，该如何照顾老人家？

中国父母："父母年纪大了应由子女奉养，这才是尽孝道。"

荷兰爸爸的真心话："荷兰亲子关系在孩子成年后比较不那么紧密，是因为尊重彼此，不会为另一个人做决定。"

Case 25 92岁的外婆一个人独居在充满回忆的房子里

我外婆92岁时在自己的家里平静地过世。外婆家在阿姆斯特丹的郊区，外公二十世纪五十年代初在阿姆斯特丹买下这栋房子，他们的六个孩子都在这栋房子里长大，孩子长大步入社会后，外公也退休了，两个人常常迎接孙子孙女到家里玩。随着孩子成长、离家、孕育下一代，几十年来这栋房子都没什么变化，外婆在这里应该拥有许多回忆，难怪到了生命的最后，即便只剩下她一个人住，外婆还是希望继续住在这里。

期待三代同堂的华人父母VS.独居不依赖子孙的荷兰父母

外婆六个孩子长大离家后,有的住在阿姆斯特丹附近,有的则搬到遥远的城市,第三代更有不少人在世界上其他国家生根,真的是开枝散叶到世界各个角落。从我们家庭成员的分散程度,可以看出荷兰社会的特征:孩子成年后,父母会让他们自己做选择,对于他们所选的职业和居住地没什么意见。孩子自由,父母也享受相对的自由,等到父母老了,老人家还是希望维持自己的独立,没有所谓靠孩子照顾的观念。

荷兰家族的这种想法与华人有所不同,传统的儒家社会还是视三代同堂为一种理想,虽然现在中国台湾地区的房价实在太高,在台北很难找到可以容纳三代的房子,不过从我周遭的朋友身上,还是可以看出中国台湾地区与荷兰在成年的亲子关系上,有很不一样的思维。

台北房价高,年轻人能拥有自己的房子绝大部分需要父母或家族帮忙,有的父母可能会帮忙付头期款,有的父母规划得更多,早就想好孩子成家时的居住需求,会提早置产,买大一点的房子,预留空间给家族的新成员。孙儿还小的时候祖父母可以帮忙照顾,等到祖父母老了,同在一个屋檐下的子孙也可以帮忙照顾老人。

自己有能力时帮家人的忙,等到自己有需求时家人会帮忙,这种大家族互助的概念,听起来很理想,为什么荷兰社会比较少见?

有人可能认为"西方人"的思想普遍比较以自我为中心,比较独立,甚至可以说比较自私,因此不愿接受父母或孩子的打扰,追求自我空间。

但在我看来，荷兰亲子关系在孩子成年后不那么紧密，是因为尊重彼此，不为另一个人做决定。

譬如说，荷兰父母不帮孩子买房子，是因为怕影响了孩子选择的权利，也影响了孩子的生活。这也是为什么外婆接受自己的孩子住远一点，也是为什么我父母不觉得我搬到中国台湾是抛弃了他们。

荷兰政府的老人照护政策虽周到，却无法解决"孤单"的心理问题

不过，这种思想也导致一个问题：荷兰的老人，谁来照顾呢？

在人口老化的趋势之下，谁来照顾老人是一个重大的问题，根据荷兰老人基金会（Het Nationaal Ouderenfonds）的统计，荷兰总人口为一千七百万人，目前大概有三百万人是六十五岁以上的老人，甚至有七十万人是超过八十岁的超级老人。随着老人人口比例增加，荷兰统计局（CBS）算出，政府照顾银发族的预算目前为每年一百八十亿欧元，占荷兰国内生产总值（GDP）的百分之五左右。为了照顾荷兰银发族，荷兰每个人平均要花七百五十欧元税金，约人民币六千元，照顾老人是荷兰社会非常重大的问题。

荷兰是个社会福利国家，从一九六〇年开始，政府在对老人的长期照护上扮演重要的角色，一开始先盖了不少养老院，老人就住在那儿，除了白天安排各式各样的活动让居住者互动，养老院也负起基本的照顾工作，包括打扫房间、维持个人卫生、准备一日三餐等。

荷兰式的三代亲子关系
父母年老后，该如何照顾老人家？

虽然养老院的全职照顾听起来很完善，但自二十世纪七十年代开始，政府发现离开熟悉的居住环境搬到养老院，对许多银发族来说是个冲击，不少银发族搬到养老院后，生活质量大打折扣。从那时候开始，政府便不鼓励老人搬到养老院，根据荷兰老人基金会的统计，今日的荷兰大概只有一成的银发族是接受养老院全职照顾的。

其他九成的银发族，就像我外婆一样，虽然年纪很大，还是不离开原居地，维持独立的高龄生活。但老人家还是需要很多专业的照顾，因此银发族的照护产业在荷兰非常丰富多元。

有趣的是，养老院除了提供全职的照顾，也提供兼职的照顾，欢迎老人到他们那边"上白天的班"，因为养老院本来就要安排白天的活动给他们的居住者，所以也欢迎其他老人参与他们的活动。因此，荷兰不少老人晚上住在自己的家里，白天去养老院参与活动，维持社交生活。

养老中心就是银发族可以"去"享受照顾的地方，不过大部分的照顾是"来"到银发族居住的地方帮忙。这种"上门服务"基本上有三种：

第一种是帮老人的家里维持个人卫生，可能一个礼拜来两到三天，帮老人洗澡、洗衣服、洗头发等。第二种算是比较医疗性的照顾，帮老人维持身体健康，可能包含观察老人慢性病的发展、帮忙做一些简单的运动，或者进行治疗。最后一种算是居家清洁服务，协助老人维持环境整洁，甚至还提供买菜服务。

虽然老人照顾员的业务算是很全面的，但每个礼拜只来一到两次，时间又短，自然没有太多时间关怀老人，也无法多陪他们聊聊天。因此，现在荷兰银发族面临的很大问题就是"寂寞"。根据荷兰公共卫生与环境研究院（RIVM）的报告，二分之一75岁以上的长者常常觉得自己很寂寞，尤其是眷属过世之后更是备感孤单，而寂寞在养老中心也是一个问题。每十四个住在养老中心的老人，就有一人因为没人前来探访而感觉到寂寞。

有一次我去拜访外婆，当时外公已经过世十几年了，外婆那天又收到一张亲友的丧礼通知，她叹气道："长寿当然是件好事，但唯一的缺点就是所有的亲朋好友慢慢都走了，只剩自己一个人留在这里。"

更遗憾的是，大部分老人家不像我外婆那么正向思考，内心寂寞又不敢说出口，怕麻烦到其他的人，因此无法实时获得陪伴跟协助。

值得反思的银发族生活方式与照护工作

虽然荷兰政府全面支持老人照护，但老人家的照顾工作大部分还是仰赖亲戚，特别是自己的孩子。像我外婆虽然每周都有职业照顾员来家里帮忙清洁，但很多其他的照顾还是由孩子帮忙。

例如外婆的财务由阿姨负责，每个月要跟外婆确认当月的支出，确定所有账单都已付清；另外一个阿姨每周来家里拜访，先喝杯咖啡聊聊天，再去超市帮外婆买好一个礼拜的菜。我妈也是每一两周会去看外婆一次，母女俩聊聊天，也会去图书馆借书，确保外婆一直有书可看来打发时间。虽然这些都是小帮忙，但算上通勤时间的话，阿姨们其实花了很多时间来帮外婆的忙。

这种靠亲戚或朋友排解孤单跟提供照护的方式，是荷兰政府从二〇〇八年经济危机后开始推动的政策。荷兰政府担心人口老化使得长期照护预

荷兰式的三代亲子关系
父母年老后，该如何照顾老人家？

算无限扩张，希望可以让家人负担部分的责任。荷兰老人基金会指出，因为政府渐渐减缩对银发族的照顾，越来越多家人主动帮忙照顾老人。根据统计，目前近两百六十万的荷兰人，每个礼拜至少会花八个小时照顾家里的老人。

在这种政府角色式微、家族角色日趋重要的情况之下，荷兰越来越像中国台湾。在长期照护政策上，政府虽然无法提供最好的照顾，还是会确保每个人受到照顾的权益，如果老人长期照护越来越依赖家里的亲戚，恐怕会使每个人老了之后接受的照顾水平因为社会经济地位的不同而有落差。

荷兰目前开始有一些新闻报道指出，有一些老人家因为亲戚不多而被置之不管，让我不禁开始思考起台荷老人的生活方式。相较之下，中国台湾地区的老人扮演的不只是被照顾者的角色，同时也扮演了照顾孩子的帮手。

像中国台湾这样，赋予老人一些社会跟家庭责任，或许是荷兰社会可以学习的地方。虽然隔代教养常会有世代育儿观念不同的问题，但何尝不是一种强化家庭联结，也让老人家建立生活重心的方式呢！

【专栏】
为什么荷兰人这么爱兼职？

某天跟爸妈聊到中国台湾地区的工作环境，提到几位朋友在公司遇到的主管，每天晚上六七点会先绕一圈办公室，看看哪些同事已经回家了，在心里偷偷记下：这个年轻人恐怕不能吃苦耐劳。

爸爸一听居然说："我以前的第一家公司，也有类似的主管。"

我整个人傻住，问道："荷兰怎么会有这样的主管呢？"

"对啊，"我爸笑笑说，"每天六点半绕办公室一圈，看到年轻人还在工作就说：'你没有约会吗？你没有家庭吗？回家吧！今天你为这家公司付出的已经足够了！'"

这个主管这样说，表示他意识到下属有家庭也有私人生活，在他的眼里，下属不只是员工，也扮演了社会中的其他角色。

每个人在生活中都要扮演不同角色，公司员工不是唯一的角色

我们每个人在生活中都扮演了许多不同的角色，譬如我一天的角色包括我太太的先生、我子女的爸爸、我岳父岳母的女婿、我公司的员工，以

及我好朋友的谈心对象等。

这些角色，都是相对另外一个人而产生的，两个对立的角色（太太&老公、父母&孩子、员工&主管）都有一些对彼此的责任跟义务。

作为我孩子的父亲，我需要花时间照顾他们，要陪他们玩，有时候还需要花时间教他们；相对地，我的孩子就要接受爸爸妈妈的教养，做到父母的期望，才算是完成他们角色的任务。公司也一样，上班时我要全心全力达到公司的目标，公司要付足够的薪水让我过日子。生活中的各个角色，有的任务重大，需要长期花很多时间才可以完成，有的角色轻松，不需要花太多时间与力气，但都需要被尊重，就像我父亲的主管尊重员工的个人生活角色。

这种概念跟中国台湾地区的主管很不一样，台湾地区的老板常不合理地要求员工加班，背后的含义就是，他认为下属扮演的"员工"角色远重要于其他角色，所以他有权要求下属留下来完成工作上的任务。

当一个人被要求加班，这个人扮演其他角色的时间就相对减少，主管要求有家庭的同事为公事留下来加班，就等同要求员工的配偶负担更多家务。也许，这种要求在过去传统"男主外、女主内"的家庭性别角色下还可以接受，不过现在的男女教育程度相同，工作能力也无差异，在推动性别平等的中国台湾地区，怎么还能允许这种情况发生呢？

兼职工作的普及化，让家有学龄前儿童的父母兼顾育儿与工作

荷兰这种多元角色的观点，充分反映在荷兰劳动市场的高度兼职化。

根据荷兰统计局（CBS）的分析，二〇一三年荷兰的劳动人口中，有一半是兼职工作者，另外一半是全职工作的员工。荷兰劳动人口中，男性的全职比例是四分之三，女性却只有四分之一，换句话说，荷兰每四个15至65岁有工作的女性，有三位都是兼职的员工。

虽然欧盟，特别是西欧的工作环境比较能接受兼职工作，但统计局的报告也显示，荷兰兼职员工的比例远远超越欧盟的平均数。欧盟平均每五个员工中有一位是兼职工作者，而同属西欧国家的德国与比利时，也只有四分之一的劳动人口是兼职员工。换句话说，荷兰人真的爱兼职工作，也是兼职工作界的冠军！

从前面的讨论，应该不难理解为什么荷兰人那么爱兼职工作，主要是因为通过兼职的方式，可以少扮演"员工"的角色，而多扮演一些"其他的角色"。

以荷兰新手父母的"全职爸爸日"与"全职妈妈日"为例，很多荷兰新手父母会选择每周少工作一天，在家照顾学龄前的儿童。兼职工作不仅能让父母在孩子学龄前的阶段多陪伴孩子，同时还能保持跟职场的联结，继续累积工作经验，对于维持劳动人口的质与量，都有很大的帮助。

聘雇兼职员工有助于调整并减轻劳动成本

员工自己想要兼职工作,应该不难理解;但为什么荷兰雇主愿意聘雇兼职员工?其实,聘雇兼职员工对荷兰的公司也有一些好处。

首先,公司绩效不佳时,兼职员工让公司比较容易调整劳力成本,当公司利润减少时,雇主可以通过调整兼职员工的工作时间来降低成本。

另外,若有人请假、生病或者工作做不完,雇主可以请兼职员工帮忙,暂时多做一些工作,也可以控制员工加班的时间与公司需要付的加班费。

总而言之,兼职工作不只让员工可以顾及生活中的其他角色,特别是让父母可以多陪伴与照顾孩子,聘雇兼职员工对雇主也有一些益处,让雇主能够弹性安排员工的工作时间并且控制劳力成本。

当雇主愿意为新手父母着想,相信员工也能感受到这份用心,会更加专注地工作!

‖结 语‖
育儿是一场历险

写这本书的最初想法,是想通过日常生活中的小故事,向中国读者介绍荷兰式教育,让读者在教养孩子时可以有另外一种想象和参考。不过,这本书到底传达了什么讯息,又有什么诀窍把孩子从"小朋友"养成"朋友"呢?

对学龄前的孩子,荷兰父母通过设立"规矩"来安排孩子的空间与时间。在0~6岁这个阶段,设立规矩的目的在于让孩子了解该在什么地方进行什么活动,什么时候该有什么样的行为,什么行为是对/错的。

荷兰父母以"清楚""有道理"与"少而美"的原则设立"禁止性规矩"和"鼓励性规矩"。亲子沟通是一门很关键的艺术。荷兰父母在孩子小的时候,虽然以"长辈"的身份跟"晚辈"沟通,但荷兰父母并不习惯用权威来要求孩子服从,多是用讲理的方式说明。在这个阶段,荷兰父母便是家里的裁判,既要能坚持原则,也要能循循善诱。

到了孩子上小学的年纪,荷兰式教育开始有了转变,父母不再是孩子的裁判,而是成为孩子的教练,鼓励孩子走出家庭,接触到社会更多层面。孩子在父母的指导之下，逐渐磨炼成一个经济与思考都能独立的大人。荷兰父母的"转大人实习计划"通常都很具体，像做家务、金钱规划、安排休闲活动等。也许孩子无法马上"会"这些事情，也会犯一些错误，荷兰父母并不会因为孩子的失误而生气，而是利用这些犯错的经验，让孩子从错误中学习到更好的处理方式。

这个阶段的关键是"独立思考"。荷兰父母鼓励孩子学会听别人的话，但是也警告他们不要盲从，孩子要学会如何从别人的论述、说法、批评或指教中归纳出自己可以学习或进步的地方，更要能判别这些论述是否有理。只要有理，孩子就可以理性地挑战任何人，无论是父母、老板或上帝。

除家庭之外，学校与社团也是荷兰教育体系的关键环节，缺一不可。对荷兰人来说，光靠父母或是学校，并无法培养一个完整的成人，"家庭""学校"和"社团"的交相影响，营造出荷兰教育体系中独特的环境。为了让中国父母更完整地了解荷兰式教育，本书也花了一些篇幅介绍与中国台湾体制大不同的荷兰学制和社团运作方式。

从一开始用"禁止性"与"鼓励性"规矩，保护孩子不受伤害，渐渐地给孩子空间接触社会上各种议题，学习处理大人的事，这十几年教养过程的终极目的，便是培养出独立的社会成员，让孩子慢慢从"小朋友"变成父母的"朋友"。一个人能够不依赖他人帮助维持经济独立，也可以自己冷静思考社会议题，便有足够的开阔心胸跟勇气面对世界的挑战，用自己的方式创造独一无二的个人价值。

我们的两个孩子年纪还很小，女儿3岁半，儿子才8个月大，现在我们夫妻两人还在制定各种规矩，书写本书当然不敢以育儿专家身份妄言，只是分享不同文化下对孩子教养的经验而已。不过在书写过程中，我常回想起自己的童年，也了解到要把我们家两个孩子培养成书中的理想，路还真的很长。希望一起走在这条路上的父母们，都可以培养出有创意、有智慧、有自信的孩子！

‖ 谢　辞 ‖

大部分的人对写书有一个刻板印象,就是作者一个人孤单地坐在桌子前,在堆叠成山的数据前埋头苦写,或许确实有些作者是这样呕心沥血,但对于使用第三语言写作的我,写作的过程获得了太多人的帮忙。在大家的协助之下,虽然写作仍然是条漫漫长路,但绝不是一个寂寞的过程。

在此,我想要感谢我写作过程中帮助过我的伙伴们:

首先,我想要感谢《商业周刊》的编辑胡咏晴小姐,感谢她在二〇一五年时愿意给我机会,让我尝试写出一些对于跨国家庭育儿的观察,在她的支持与鼓励之下,这本书才有可能面世;此外,我也要感谢野人文化出版社的编辑郑淑慧小姐,我们从二〇一六年下半年开始讨论书的内容与架构,她给的建议与看法,增加了这本书的可读性,也让这本书变得更有深度、更有吸引力。

其次,我许多教养孩子的理念,是来自于我父母的身教,我也要感谢培养我成长的papa和mama,你们给三个孩子的荷兰式教养基础,对我们而言是人生中最棒的礼物；同时要感谢跟我一起长大的姐姐Annemieke和哥哥Hedde，没有你们的陪伴，长大的过程将少了许多温暖的回忆。看到你们与姐夫Philipp、大嫂Vivian跟我们一样，为了教养下一代付出许多努力，我深刻感受到这份来自家庭的爱在世界各地代代相传。

最后，我当然要感谢我的老婆大人，这本书的写作过程之所以不孤单，主要是因为你一直牵着我的手，在我需要鼓励的时候为我打气，在我需要冷静思考的时候，你也总是适时提醒我。我由衷地佩服你的善良跟聪明，也钦佩你兼具能干与温柔的特质。

用中文写书对我这个阿兜仔而言是相当困难的一件事，太太，你在打拼自己的事业以及照顾孩子之余，还找时间耐心地为我润饰书稿，一个字一个字地与我讨论及修改，让我的文字更贴近我的想法，内容的逻辑也更强。

虽然书的内容是我想出来的，但没有你画龙点睛的润饰与编辑，恐怕也只是一本拗口的阿兜仔中文习作而已。这本书的写作过程就像我们人生探险的缩影，一路上我们相互扶持、相互成长，你永远是我最好的榜样。这本书不只是"我的"书，也是"你的"书，没有你，就没有今天的我。

这本书是一个家庭共同努力的成果，不仅仅是我们夫妻二人合作完成的，更记录了我们家"作品一号"安娜与"作品二号"汉斯成长过程中带给我们的反思与成长，希望在他们长大成人后，回过头来看这本书，能重温爸爸妈妈对他们的教育理念,还有他们牙牙学语时的可爱纯真。

韦岱思

二〇一七年九月　于中国台北

荷兰式教育实践 SOP 图

荷兰式规矩 分成 2 大类

- "鼓励性规矩" 协助孩子建立好习惯
- "禁止性规矩" 确保孩子的安全

荷兰式规矩 的 3 大原则

Step 1 冷静
暂离现场,等情绪高峰过去

Step 2 表达与聆听
甲方说清楚自己为何生气,乙方倾听,暂时不要回应

Step 3 回应与聆听
乙方回应什么事让自己生气,甲方聆听

Step 4 道歉
了解彼此立场后互相道歉